经济学名著译丛

A Treatise of Taxes and Contributions

Verbum Sapienti

Quantulumcunque Concerning Money

赋税论
献给英明人士
货币略论

〔英〕威廉·配第 著

陈冬野 马清槐 译

A Treatise of Taxes and Contributions

Verbum Sapienti

Quantulumcunque Concerning Money

商务印书馆
The Commercial Press

William Petty
A TREATISE OF TAXES AND CONTRIBUTIONS
VERBUM SAPIENTI
QUANTULUMCUNQUE CONCERNING MONEY

根据赫尔编《威廉·配第爵士经济论文集》(*The Economic Writings of Sir William Petty* edited by C.H.Hull) 1899年版并参考大内兵卫和松川七郎的日译本译出。

《赋税论》和《献给英明人士》，陈冬野译。

《货币略论》，马清槐译。

威廉·配第《赋税论》出版三百年

王亚南

一

1662年,英国威廉·配第的《赋税论》出版了。这个篇幅不大、内容有点杂乱的论著,虽然到今年已经经历了三百年,但在经济科学的理论上,并没有因此失去它在近代资本主义初期放射出来的光辉异彩。马克思早在近一百年前,就给予了它极高的科学评价。他说它的作者是"现代政治经济学的创始者","最有天才的和最有创见的经济研究家"(《反杜林论》,人民出版社1970年版,第228、230页)。这主要是就这一本书说的。

这部书包括十五章,全是讨论政府或公共经费,以及从哪些方面,以怎样合理而有效的方法,才能筹得那些经费的问题。在近代经济学还不曾当作一个确定的科学成立以前,所有关于经济方面的问题,差不多都是在有关国家或君主支出收入的财政政策上加以研究,每部初期经济思想的论著,差不多都是以向君主献策的形式,论述如何增进国富,如何增进国家税收的问题,这是有它的特殊的历史背景和深刻的阶级利害关系的。十六、十七世纪的西欧各国,在政治上是所谓君主专制时代,而在经济上则是所谓重商主义时代,由封建制度向着资本主义制度的推移,由自然经济向着商品经济的推移,由以不动产为基础的财富形态向着以流动资产为主要财富形态的推移，其间必然要引起各种新的社会经济问题，必然要发生各种阶级消长变化关系。新兴的工商市民的基本经济利益，就要求有一个统一的国家、统一的市场，好对内对外展开经济活动；而这个国家要完成这一阶级任务，就有必要建立起需要巨大经费的政府机构、国防力量和有关的社会文化设施。那种巨大的政府经费或公共支出，将怎样筹集呢？是按照老一套的封建财政税收体制，由国王任意设置课税项目、规定征课标准乃至征课手续呢？还是这一切都得经过有纳税人、工商市民参加的议会审议通过，才能施行的现代性的税制税法呢？这是一个国王为了维持自己的统治，是否要向市民阶级作出让步的问题。市民阶级愿意筹集的那些经费，是要求财政税收不妨碍他们的经济活动，并且还能促进产业商业的发展。当时英法诸国君主、官僚、贵族与市民阶级间的斗争，差不多是以这一问题为核心。英国查理第一在十七世纪二十年代登极之始，就因为这个问题，与议会派斗争，以至引起内战。1649年，查理第一被砍掉脑袋，议会派胜利了，克伦威尔共和政体成立。再过十年，克伦威尔死去，查理第二于1660年王政复古，和议会派就财政税制作过一些妥协。但英国本土，特别在他统治下的爱尔兰，财政税收的紊乱状况，仍须力图改进。这就是威廉·配第写《赋税论》的时代背景。他在本书原序上说，他写这本书，是要清理一下脑子里存在的关于英国财政税制的一些想法。在克伦威尔统治下，他曾伴随克伦威尔征服爱尔兰，掠得大量土地；他先在爱尔兰充当军医，后来担任行政官、土地测量总监，很为克伦威尔所器重。他所考虑的财政税制，显然是与工商市民阶级所要求的资本主义的发展相适应的。因此，对于为什么和如何进行财政税制改革的问题,就不仅要一反过去封建主义的财政税收体制,同时也不能满意于近代初期的那些属于表象的片面的考察;他力图对国家、对社会、对人民、对一般财政经济措施,从本质上,从内部联系上,从总体关系上去把握问题。他以为在英格兰,特别是在爱尔兰所采取的一些财政经济措施,其所以弊害百出,顾此失彼,引起民穷财匮的状况,就是由于统治者没有对全国人力物力财力做全面摸底工作和统计工作,不了解"天生蒸民,有物有则"的道理,任意征课,以致紊乱不堪。他认为"正当的理性","自然的法则",是不能欺负的,是不能按照人们自己的主观愿望去改变的。对于它们的研究考察,必须从经验事实出发,"用数字、重量和尺度来表达自己想说的问题,只使用来自人们的感觉的论据,只考察在自然中有可见根据的原因。至于那些以个人的容易变动的思想、意见、胃口和情绪为依据的原因,则留待别人去研究",这些话,虽是在他以后写作于17世纪70年代的论著《政治算术》中才明确讲到的(中译本,商务印书馆1960年版,第8页),但他在写这部《赋税论》时,已经是在应用这个独特的方法论。现在我们看他是怎样展开说明的。

二

关于配第在《赋税论》中,就田租、口赋、房产税、关税、什一税、国内消费税乃至货币利息、货币改变价值等方面所作的具体改进建议,在我们今天看来,已没有什么重大意义,而从理论上感到重要的,倒是他对所有这些方面的财政税制问题的讨论分析,都把握了它们最本质的因素和内在的相互联系。为了说明的便利,且分别指出以下几个重要的论点。

第一,配第认为,关于财政收支和税制问题,单从现象上来讨论是非得失,永远也得不出正确的结论。在他看来,那都是属于错综复杂的"上层建筑",要深入研究它,必须从它的基础入手。种种色色的征课,无论经历多少转折,最后终归是落到土地和劳动的收入上。他在《赋税论》第四章论各种收入的方法中,就讲到一国居民"应将他们一切土地和劳动所得收入的二十五分之一扣除下来,充作公共用途"。赋税不论征课到哪种所得或财源上,财富的最后源泉,终归是土地与劳动;土地为财富之母,而劳动则为其父,这是配第的有名的格言。

第二,在土地和劳动这两种财富源泉的收入中,配第更进一步分析了这两者承担赋税的本质关系,作为财富之母的土地上的生产物,是由作为财富之父的即更有主动作用的劳动生产出来的。他认为,当生产劳动生产物的劳动者从他们的劳动条件——土地分离开以后,在原则上,不能期望由他的所得承担起任何额外负担(尽管实际上各种间接征税和由货币贬值所引起的损失,还会落到他们肩上),社会财富的来源虽然是土地与劳动,课税的最后对象,却只能是土地地租及其派生的收入。但进一步看来,土地能够提供多少地租,又要看在土地上耕作的劳动者的劳动,有多大部分是维持自己的最低生活所必要的,有多大部分是除此以外的剩余。他明确地告诉我们:"假定一个人能够用自己的双手在一块土地上栽培谷物;即假定他能够作为耕种这块土地所需要的种种工作,如挖掘、犁、耙、除草、收刈、将谷物搬运回家、打脱簸净等;并假定他有播种这块土地所需的种子。我认为,这个人从他的收获之中,扣除了自己的种子,并扣除了自己食用及为换取衣服和其他必需品而给予别人的部分之后,剩下的谷物就是这块土地一年的当然的正当的地租。"(本书第33—34页)这说明,地租是剩余劳动的产物。在必须让劳动者能维持其最低生活要求,同时又是把地租作为劳动剩余生产物的代表形态的限度内,所有的课税,是只有加在地租及其诸种派生收入上,始能容许农业生产不受阻碍地有所发展。在这里,配第已经在实质上触到了剩余价值的问题,虽然他没有提到这个名词,但在说明商品价值的基础上,已把它的含义包括在里面了。

第三,配第认为,人们自始没有明白地察觉到上述这种地租与税收的本质关系,他们被商品及货币流通的错综复杂的表象弄糊涂了,没有想到,在一切收支关系中,在一切交换关系中,有一个判定它们是否平均,是否均衡,是否公平合理的基础或计量标准。当劳动生产物采取商品形态,特别是土地剩余劳动生产物采取货币地租形态的时候,由什么决定商品价值的呢?价值规律早已在人们没有意识到它的存在时,就发生作用了,早已提到人们日常经济生活中了。配第以为在财政经济上的许多乱子,就出在不了解这种本质的联系。他以为"所有物品都是由两种自然单位——即土地和劳动——来评定价值,换句话说,我们应该说一艘船或一件上衣值若干面积的土地和若干数量的劳动。理由是,船和上衣都是土地和投在土地上的人类劳动所创造的。因为事实就是这样,所以如果能够在土地与劳动之间发现一种自然的等价关系,我们一定会感到欣慰"。这显然是沿着他前面以土地与劳动为一切财富源泉的思想线索贯串下来的。不过,作为决定价值的最后因素来说,他对这两者并不是等同看待的,他接着说:"如果这样的话,我们就能够和同时用土地和劳动这两种东西一样妥当地甚或更加妥当地单用土地或单用劳动来表现价值；同时，也能够像把便士还原为镑那样容易而正确地将这一单位还原为另一单位。"（本书第36页）尽管他在这里没有指明，是应当把劳动还原为土地，还是把土地还原为劳动，他往后似乎专门把劳动作为决定价值的标准了。大家都知道他讲了这一段名言："假如一个人在能够生产一蒲式耳谷物的时间内，将一盎司从秘鲁银矿中采出来的白银运到伦敦来，那么，后者就是前者的自然价格。如果发现了新的更丰富的银矿，因而获得两盎司白银和以前获得一盎司白银同样容易，那么，在其他条件相等的情况下，现在谷物一蒲式耳售价十先令，和以前一蒲式耳售价五先令，同样低廉。"（本书第43页）在这段话里，我们知道配第所谓自然价格，就是价值，就是生产一种商品所费的劳动，价值量的大小，就是取决于劳动时间的长短，而且劳动生产力提高了，所生产的商品里的劳动减少了，它的价值也相应降低了。这都是劳动价值理论的最根本命题，把这些和前面谈到的剩余劳动生产物转化为地租及其派生所得联系起来看，就不难理解，他已经无意中把地租当作剩余价值的代表形态，而把其他所得，如利息，当作其派生形态来处理了。他在资本主义最初期阶段，不能像在一百多年后的亚当·斯密、李嘉图那样，把利润作为剩余价值的代表形态，那是完全可以理解的。而且，配第并没有停止在这里，他进一步把这个价值尺度，拿来衡量一切所得形态相互间的比价关系以及各种课税负担的可能转嫁关系了。

第四，当他肯定了商品的价值由体现在它里面的劳动量决定这个命题，整个劳动生产物价值分解在各种所得间的比例关系，就不再是含糊笼统的，而是可以用数字来说明的了。全部土地劳动生产物或全部谷物,有多大的价值,值多少货币,就看同时银的生产者以同等劳动生产出了多大银量,后者就是前者的货币价值。劳动者所得的工资,是由他生活所需的资料或其价值决定的,地租或作为地租的谷物,能值多少货币,"就看另一个在同一时间内专门从事货币生产与铸造的人,除去自己的费用以外还能剩下多少货币"。(本书第34页)在配第的时代,地租是作为这种剩余价值的代表形态显露它的作用。因此,在价值问题的说明上,他只着重地讲到工资、地租、利息这三个所得形态及其关系。本来,在全部劳动生产物价值中,除去了非常明确的劳动者的必要生活资料价值外,其余就是归属到地租及其派生所得项下,但这是科学分析的结果,而且劳动者的最必要的生活资料,严格说来,也还是一个不大容易确定的可变数,而日常进行分配,总得有一个比较客观的依据。地租乃至利息,为什么是那么多?为什么更多或再少就行不通?在这里,他特有创见地提出了土地的使用权的价值问题,以及与此相应的货币的使用权的价值问题。对于地租或土地的使用权的价值,他是这样说的,"如果我们能够发现世袭租借地的自然价值,那即使我们发现的不见得比上述使用权的自然价值好多少,我们也会觉得喜慰。……在发现地租或一年使用权的价值后,我们就要问,一块世袭租借地的自然价值相当于多少年的年租?如果我们说一个无限的数字,……是不合理的。……我认为任何一块土地自然所值的年租年数,等于这三代人(即祖、父、孙)通常可以同时生存的年数。我们估计英格兰这三代人可以同时生存的年数为二十一年,因此土地的价值也大约等于二十一年的年租。"(本书第37页)不论配第根据如何的理由,要说明人们为什么只考虑到二十一年以内的事,毕竟是非常勉强的;事实上,他在同书中,又曾讲到爱尔兰的土地价值,和七年的年租额相等,那就显然不能自圆其说了。而马克思就这点对配第作了高度评价,并不是因为他做了这样的假定,而是因为他把土地的价值还原为多少年的年租额的做法,是经济科学上的一个重要的发现,那就是,土地的价值,或土地使用权的价值,不外是预买一定年度的地租,不外是资本化的地租。在这种限度内,地租成为土地的利息了。这样的结论,从利息推论到地租,原是可以顺理成章地达到的,但因为在他的时代,还不容许把利润作为剩余价值的代表形态,只能把地租作为代表形态,所以他尽管是由地租来推寻利息,马克思还是称许他,说他在逻辑上是应当如此的,否则就会完全破坏他的理论体系。不管推论的过程如何,终归得出了地租和利息相互联系转化的结论。土地的租金是地租,货币的租金就是利息,他说,"说到利息,在安全没有问题的情况下,它至少要等于用借到的货币所能购买的土地所产生的地租"。(本书第40页)关于这一点,在地主经济封建制的中国,虽然在秦汉以后,就出现了地主、高利贷业者、独立商业者,成为三位一体的"通家"的局面,容易了解地租与利息的相互转变过程,而在领主经济封建制的西欧,由于商业、高利贷业是由不能接近土地的异教徒经营,把地租与利息联系起来考察,还是近代初期的事;只要把它们联系起来考察,利息的神秘性,货币自行增殖的神秘性,就被揭露出来了。配第在揭露货币的这种神秘性的当中,事实上,已无疑对一切用货币经营的工商业者的所得,提出了它们在正常的条件下,在合理的范围内,所可能挣到的限度。因为很显然,工商业经营者如得不到用同样多货币购买土地收租或放款取息那么多收入,他们是没有理由不做地主或高利贷者的。他在这部论著中,已分别把这种倾向指出来了。从这里,我们已看到配第如何通过劳动决定商品价值这个基本命题,把他所理解的"上层建筑"现象,从内部关系上来全面加以把握了。不但如此,对于地租,他还第一次把它的两个级差形态指出来了。他告诉我们,"土地的优劣,或土地的价值,取决于该土地所生产的产品量和为生产这些产品而投下的简单劳动相比,是多于投下的劳动量还是少于投下的劳动量"。(本书第 88 页)这个讲法,已经是说,土地价值的大小,地租的多寡,就看同量生产物在同面积土地生产出来,费了多少简单劳动。地租不是由土地引出,而是由劳动引出的。正因为如此,所以他说,如果伦敦附近各郡尽一切努力所生产的农产物,仍难满足需要,"那就必须从远处运来所需的商品,以供应市场需要,这样一来,距离较近的各郡物价一定会相应地上涨。或者是,如果上述各郡花费比现在所花的更多的劳动来改良土地,使土地丰产,……那么地租就会因收成的增加超过所用劳动的增加,而成比例地上涨"。(本书第 44—45 页)在这段话里,不但级差地租的两个形态都指明出来了,并还把两个形态的相互关系,作了说明:即当地产品不够满足需要,就要耕种较远地区的土地,或者在近郊土地上增投劳动,增进劳动生产力,结局,都会使地租增加起来。当然,在利润还没有成为独立的范畴的历史条件下,关系地租产生的生产价格、额外利润这一些中间环节,在他还不是明确存在的。除级差地租而外,他在经济学上同样作了有创见的说明的,是他关于货币必要流通量的提出;往后他还在《献给英明人士》中,特别是在《货币略论》中,进一步讲到了一个社会周转一定商品额所需货币量的具体算法。由于在一切场合,他都强调用数字来说明问题,我们又发现,他对一切社会现象的平均倾向,尤其对劳动的平均数概念,在当时说来,确是一个有关认识社会现象的了不起的创见。从这种种方面我们已不难了解,配第实在为政治经济学奠下了相当广阔的基础。

最后,我们还必须归结到这部书的出发点,看他是怎样用他的理论来解决他所面临的财政经济问题。他认为,在整个英国,特别在爱尔兰,财政收支状况是非常混乱的。不恰当的课征,不平衡的负担,紊乱不堪的货币,引起经济生活的脱节、产业的凋敝、社会秩序的岌岌可危,而这些又要成为增加治安官吏、加多神职人员、扩大救恤设备、扩增警察军队力量从而进一步追加或新设征课名目的原因。以致为了摆脱财政困境,竟不惜向邻国寻衅发动战争,其后果就不堪设想了。在造成这种尴尬局面的许多原因之中,配第着重指出统治者对于全国"人口、财富、产业的情况一无所知",对于一种财政措施,究竟会在各方面发生如何的影响,一无所知。由于一切心中无数,有所举措,就全凭兴趣,情感用事,或者至多不过是对当时财政压力的一种盲目反应。挽救之道,头痛医头,脚痛医脚是不成的。综合他在《赋税论》中的说明,有两点是特别值得重视的创见。其一是,他的财政计划,是从全国着眼,根据全国的人口、财富、产业的具体推算数字,看需要设置或只许设置多少政治机构、政法人员,多少教区和教职人员,多少医院和卫生人员,多少学校和教师学生,多少军队警察,发行多少铸币,限定多少批发商和零售商。他以为所有这些方面,不够一定数量,固然会妨碍工作的推行,但若超过一定限度,还会出现更大的麻烦。这与他的另一点的创见联系起来看，就十分清楚了，那就是，他的财政改革计划并不单纯是为了各方面活动的均衡，而更重要的，是在那种均衡中，贯彻着节约劳动、节约劳动时间的根本要求。全国的财富，总是由人力利用自然或土地创造出来；节省一份劳动，或把劳动用在更大更有利更多效果的事业和地区方面，就能够造出更多的财富。他建议把爱尔兰人移到英格兰，以便强制他们更好劳动；建议把产业设立在地址较便利、条件较适合的地区；建议把裁并的机关、教会、学校的冗员，使用到生产部门，用赋税及其他措施，使社会财富资金从无所事事游手好闲者手中，转移到勤勉而有经营事业能力者手中；利用那些消耗社会财富的乞丐、盗贼的劳力，去兴建各种会增进社会财富的公路桥梁堤坝等公共工程；……所有这许许多多的建议，归根结底，无非是更有效地榨取劳动力，节约劳动力的使用，增进劳动生产率，以符合新兴工商市民阶级的要求，马克思说，他在这些要求中，还大胆地作出这样的建议："把爱尔兰和苏格兰高地的居民和动产移到大不列颠的其余部分。这样，劳动时间可以节省，劳动生产力可以提高，而'国王与臣民将变得更加富强'。"（《政治经济学批判》，人民出版社1953年版，第26页注）他极力强调"人的价值"，强调要尽可能地把劳动者的哪怕一点点余力，都榨取出来。有一分劳动力没有用上，他就以为是失了一分社会财富；对他来说，利用劳动价值学说来为资产阶级服务，算是做得很到家了。

三

配第在他的研究方法及其经济理论方面表现的卓越创见，马克思在他的几部经济名著《政治经济学批判》、《资本论》、《剩余价值理论》乃至《反杜林论》的《〈批判史〉论述》中,都给予了极高的评价。但马克思在提到这位杰出人物的政治品格时,说"这个思想锐敏的、但是特别轻浮的军医,既能带着克伦威尔之盾劫掠爱尔兰、又能为这种劫掠向查理第二跪求男爵称号,……"(《政治经济学批判》,第26页注)寥寥的几句话,把他的品格面貌和盘托出了。他不仅是一个大殖民主义者,还是一个新贵族。我们认识到,英国资产阶级革命的特点,就是资产阶级与新贵族合作。所以,他的贵族身份,并没有妨碍他在为资产阶级服务的政治经济学上作出贡献。作为资产阶级前进历史阶段的思想拓荒者或政治经济学的奠基者,我们从人类进步思想遗产的角度来看,所应注意的是,他所处的过渡时期和未成熟的历史条件,限制了他的才能的发挥,限制了他的丰富含蓄的思想内容的更系统的更明确的表现。无论就他的基本的劳动价值学说来讲,就他在价值学说基础上的分配理论来讲,抑或是就他用劳动价值学说,用分配理论来建议的财政改革新计划来讲,用当时的具体历史条件来衡量,是卓越的,是深刻的,是全面的,是接触到本质的,但在很大程度上,没有脱离朴素的、零碎的、还有些杂乱的状态。例如,关于劳动决定商品价值,他确是很有创见地提出了这个命题,但是,那是什么劳动呢?劳动的二重性问题,他固然完全没有接触到,就是社会必要劳动量的问题,他也只有一点非常模糊的概念。他在后来于1665年写出的《献给英明人士》论著中,虽曾漠然讲到死劳动和活劳动的问题,可是这两者在生产过程中,前者只是转移价值,后者才创造价值的区别,他是连想也没有想到的。单就这点来说,已不难了解,他之所谓劳动决定价值,不但对劳动的概念不大明确,对于如何决定价值的过程,更是理解得极其含糊,而就价值本身说,他不仅没有把握价值实体、价值量、价值形态这些根本概念,在他的说明中,连价值与使用价值的区别、价值与价格的区别、价值与交换价值的区别,也是不很清楚的。至于对地租与利息的分别解释和统一说明,在利润这个名称还是放在地租项下来处理的历史条件下,他虽有再大的才能,也是无法说得系统而透彻的。至于他的方法,诚然是沿着培根的崇实主义的道路发展过来的,拿事实来,拿数字来,把理论或建议建立在可以量计指数的根据上,但也许因为社会经济调查统计工作,是要在资本主义经济组织渐臻严密的历史条件下,才有可能做得好一些,他在全书中,就每项事业,每种设施,每一个具体建议所提出的数字,几乎全是出于推测估计,由一种估计到另一种估计。用数字来讲话,是较能了解情况,较有说服力的,但假设的数字,是要减低效果的,后来和他同样重视事实的亚当·斯密,竟有些怀疑他的方法的效果,可能是从这里出发的。但不论如何,他在现代计量经济学上的开山祖的地位,和他在政治经济学上的奠基者的地位,是一样无可争议的。

配第关于政治经济学、统计学乃至财政学的巨大贡献,虽然主要表现在《赋税论》中,但讲他的整个学说的影响,却是不能不连带他往后陆续问世的《献给英明人士》、《政治算术》、《爱尔兰的政治解剖》、《货币略论》等论著一起考虑的。马克思在《剩余价值理论》中,已就他对后起的经济学者如诺思、如洛克等的影响作了说明;由于资产阶级经济学者(包括古典派在内)一般地不肯把自己的理论中受到前人影响的出处,像马克思在《资本论》等著作中所作的那样，明白指点注释出来，但蛛丝马迹，总是不难找到一些线索的。即以斯密的大著《国富论》来说，其中有许多论点，就分明也可以从配第《赋税论》那里探出它的渊源的。当然，作为政治经济学的奠基理论，每个资产阶级古典经济学者，都是直接间接多多少少受到它的一些影响的。

而我们在这里倒要特别指出这一点：当资产阶级已经取得了政权，已经确定它的统治地位，并且已经逐渐感到它的敌对阶级——工人阶级的运动的威胁的时候，它再也不对科学的经济学，不对以劳动价值为基础的古典经济学，感到兴趣，甚至愈来愈抱反感了。为了反对马克思主义经济学说，他们的经济学者早就把反对亚当·斯密，特别是反对李嘉图，作为反对马克思的一种手法。当代最有影响的垄断资产阶级的代言人凯恩斯，就最痛恨李嘉图，他说他反对李嘉图，就是要从根底摧毁马克思经济学的基础。当前风靡资产阶级经济论坛上的大大小小的凯恩斯主义者，正多方宣扬国民收入理论、扩大国家支出理论、赤字财政理论、通货膨胀理论……其基本特点，就是否定劳动价值学说（甚至否定任何价值学说），即否定威廉·配第所特别强调的基础，而只是在各种"上层建筑现象"方面兜圈子，寻求解决财政危机、经济危机的单方。

在资产阶级已经把他们前期的科学的经济学（更不说更早的经济科学）当作死狗来抛弃，甚至当作魔鬼来诅咒的时候，我们为了批判地继承人类进步遗产，为了配合当前理论斗争和理论建设任务，把这部三百年前出版的古典论著，拿来再学习再认识一番，还是有其一定的意义的。

赋 税 论

赋 税 论

说 明

{ 地税、税关、人头税、彩票、领赋、票金、王赋献 }

{ 刑罚、独占、官职、什一税、提高铸币价值、炉税、国内消费税等事项 }

的性质与标准。附论

{ 战争、教会、大学、租金和按年租计算的地价、利息和汇费、银行和贷款业者、财产让渡的登记 }

{ 乞丐、保险、货币和羊毛的出口、自由港、铸币、房屋、信仰自由等各种问题 }

以上论点均结合爱尔兰的现状和问题进行论述

目　　录

原序 ··· 1

第一章　论各种公共经费 ······················· 7
　　公共经费的各种项目
　　行政官吏的俸禄应该比私人职业所能得到的报酬优厚
　　被信任的荣誉和被敬畏的喜悦对某些官职来说，就是很不错的
　　　报酬
　　拯救灵魂，即使属于民间事务，但也应该构成公共经费一个项目
　　构成公共经费一个项目的各种学校和大学的用途

第二章　论各种公共经费增加和加重的原因 ············ 10
　　使租税负担增加并加重的一般原因
　　引起对外战争及侵略战争的原因
　　发生防御战争和内战的原因
　　使宗教方面的开支超过实际需要的原因，在于教区没有随宗教
　　　和产业方面所发生的变化而改变
　　英格兰和威尔斯有五千个教区即已够用，这样，每个教区就只有
　　　一千区民，而且任何一个人前往教堂都无需走二英里
　　过时的官职和过多的薪给是引起行政及司法方面不必要开支产
　　　生的原因
　　设立土地买卖的登记簿、保管动产抵押品的保管所以及经管货
　　　币的银行，则诉讼案件和文书费用就会减少
　　如何调节医务人员的人数
　　如何调节立志学习立身之道的大学学生的人数
　　为使优秀的教区儿童和弃儿从事有用职业而提出的措施，这种

措施一向执行得很草率

多余的批发商和零售商人数应该减缩

慎重抚养和教育弃儿;对他们的姓名和家世保守秘密,乃是重要的事情

关于乞丐和现在没有工作的人所宜从事的一些职业的建议

需要许多劳动的大工程,即使其本身是不必要的,但对公众却有好处

在英格兰修缮公路、建筑桥梁和堤道、疏浚河流以利通航,就会使英格兰马匹成为能够出口的商品,同时也有利于爱尔兰商品的推销

第三章 人民不甘心负担赋税的原因如何才能减少 ………… 22

人民不甘心负担赋税的原因是,

第一,元首勒索过多

第二,征课不公平

第三,所征收的货币被浪费掉

第四,或被赠给宠臣

第五,对人口数目、产业和财富情况毫无所知

第六,征税权含糊不清模棱两可

第七,人口少

第八,货币缺少,铸币情况混乱

第九,本国财富中铸币不及百分之一

第十,拒绝以实物缴交租税

国内货币过多时租税过重会发生什么结果;国内货币过少时又会发生什么结果;在治理良好的国度中或在治理不良的国度中又会发生什么结果

第四章 论各种征税方法。第一,划一部分领土为王领地,以供各种公共开支之用。第二,征收赋税,即征收田赋 ……………………………………… 28

筹集公共经费的第一个方法,就是划一部分领土为王领地

第二,从所有土地的地租中,征收等同的一部分

不论实行上述两种方法的哪一种，凡是遵照原有协议实行这种
　　方法，而不向人民强征突然的临时的额外课税的国家是幸福
　　的。
固定地租的地主负担田赋（或赋税），他人或许会因而受益化对
　　自由地产征课的田赋，为对消费征课的国内消费税
房屋税不如土地税确定，房屋具有二重性质，一方面它是收益的
　　手段，另一方面又是开支的媒介
对房屋征课重税不足以限制新建筑物的兴建，限制新建筑物的
　　兴建也不能成为限制城市人口的手段
禁止在新地基上面建筑房屋，只能固定城市的地界
伦敦市的地界向西方移动的原因
英国国王的宫殿，经过若干时期之后恐怕将移到切尔西附近
只要本岛有人居住，伦敦现在的位置就将是人民的最大的居住
　　地区
用前述土地所生产的产品计算的地租的性质及其自然标准
粮食（或土地的其他产品）和金银块（或铸币）之间的等价关系
黄金和白银之间的等价关系
黄金和白银并非必需品价值的自然标准
必需品的基本的单位只有两种，即土地和劳动，这和英国的货币
　　单位为镑、先令、便士相同
论土地和劳动之间的等价关系
各国土地的价值等于若干年的年租的理由
为什么爱尔兰的土地比英格兰的土地所值的年租年数要少些

第五章　论利息 ……………………………………………… 39

利息的说明
汇费的说明
二者的标准
为什么利息比汇费受到更大的限制
货币价格的变动和地价变动的比较
为了公平地征课田赋，宜如何计算并比较地租

测量土地的面积、形状及位置,以明了土地的固有价值

同时调查土壤的性质,即它的生产能力:第一,它的产品是否贵重;第二,品种是否优良;第三,产量是否丰富,以明了土地的固有价值

土地的附带或附属的价值,取决于货币的多寡,生活奢华或俭朴的情况以及居民对社会、自然及宗教所抱的见解

要探究这些情况,必需知道如何计算现在的金银铸币,并把它和旧时的金银铸币相比较

不仅要比较现在的货币和旧时的货币,而且要比较现在和旧时的全部财富及人口情况。如何进行这些比较

土地的附属价值,应按照人口数目及货币在居民中的分配情况加以估计

如何使这一地方的一种商品价格和另一地方的该商品价格相适应

劳动者及其他最普通的工匠的每日工资必须加以确定,并且必须适应时势的变化

计算土地的附属价值困难虽大,但进行这种计算的理由却更大

在工匠或其他人们通常使用信用一词时,信用这一词所具有的性质

元首对臣民的财产者正确的了解,对臣民并无害处

第六章 论关税和自由港 ·············· 46

什么是关税

一种推测:关税最初是为了避免遭受海盗劫掠引起损失而缴付的一种保险费

对出口货物征收关税的标准

关税过重的不宜之处

宜对哪些商品征收关税

对进口货物征收关税的标准

用关税筹款的不便之处

不对运输的货物征收吨税或磅税,而对船只征收吨税的建议或

者把关税当作一种保险费
　　论违禁品
　　论禁止货币及金银块出口
　　上述的禁止货币出口有限制奢侈法令的作用
　　论羊毛出口
　　在这种情况下缩减我国牧羊业,增加谷物耕种,由许多理由来
　　　　看,是得策的
　　考虑其他各点,严禁羊毛出口可能无效,甚或害多于利
　　论禁止进口
　　制造或生产商品,即使将其烧掉,也比不制造这些商品,或是使
　　　　生产者失去工作能力、闲散无所事事来得有利
　　论自由港,它在什么情况下有好处,在什么情况下有害处

第七章　论人头税 ································· 55
　　论人头税及其种类
　　最近施行的人头税的缺点
　　论人人皆交的绝对的人头税,它的便利之处和不便利之处;论对
　　　　称号、官职及特权征收的人头税
　　炉税和简单的人头税性质相同,但是,这二者毋宁是累积的国内
　　　　消费税

第八章　论彩票 ································· 58
　　允许公开发行彩票,就是对人民课税
　　为什么彩票非有切实理由,不宜准许发行

第九章　论献金 ································· 60
　　用献金来筹集资金,实际上是一种课税
　　献金发生良好效果的三种情况
　　反对献金的各种理由

第十章　论刑罚 ································· 62
　　各种刑罚
　　关于摩西律法所定的刑罚标准现在宜否施行的疑问

各种刑罚的固有效用和根据
无期徒刑是一种缓期执行的死刑
在什么情况下,死刑、切断肢体、监禁、侮辱等刑罚,宜改处罚款
摩西律法中所说的两倍或数倍损害赔偿的意义
论处罚和容忍宗教异端的方法
元首既可以容忍异端,也可以处罚异端
任何一种邪说,都能稳妥地用罚款的办法使其至为害国家
元首如对异端分子处以死刑、切断肢体或监禁也就处罚了自己,而且常常完全达不到目的
牧人理应因自己羊群的过失和缺点而受到一定处罚
牧师的真正作用,在于使自己成为神圣的榜样,而不在于对人讲授关于神的各种教义
本章有关教会的论述的要旨
刑律的滥用

第十一章 论独占和官职 ·········· 70

论独占
设立独占制度的用处和理由
论新发明并论新技术设计人所遭受的苦恼
国家设立的带有薪俸的各种官职,具有和独占相同的性质
为什么以前官职的薪俸很高
官职怎样变成可以出卖的商品
许多多余的官职,为什么不废除

第十二章 论什一税 ·········· 74

论什一税的几个方面
什一税增加的原因
英格兰的地租只够支付全国人民开支的四分之一
英格兰的什一税,现为四百年前的六倍
牧师比古时富裕很多,但其工作反而减少
牧师过多的危险
如何调节牧师和神学院学生的人数

现在什一税并不是租税或对人民的负担
什一税这种税制,是租税的一种优良范例
什一税的缴纳方法,都市和乡村甚不平衡
按照什一税的做法缴纳公共经费的不便之处

第十三章 论几种零星的筹款方法 ·············· 79
向人民征税的方法时时改变的原因
在一些国家,国家由于充任公共出纳、贷款者、保险人、独占者等
　而得到收益
略谈(到处都被课重税的)犹太人的情况
对人们财产征课某一完整部分的做法是很危险的

第十四章 论货币价值的提高与贬低 ·············· 82
变更铸币价值,是向依靠固定租金、年俸、津贴等收入维持生活
　的人征税
货币价值贬低和不贬低的情况
论精制以及粗制的锡币和铜币
论零售店主所铸造的私铸货币
金币及银币的贬值情况
赞成贬低货币价值的理由
反对贬低货币价值的理由
提高货币价值究竟是怎样一回事
提高本国铸币和外国铸币价值的效果
提高货币价值会改变硬币的情况,不过会使金银量减少
许多英明的国家为什么提高它们的货币价值
将外国货币价值提高一倍和将本国产品售价降低一半并不完全
　相同,而前一种方法较好
依照自然基础计算和比较商品价格的方法

第十五章 论国内消费税 ·················· 89
人们实际上是否富有,视其本人所消费和享受的东西而定
国内消费税是对这种财富征课的一种租税,所以是支付公共经
　费的适当方法

必须确定全国的开支总额(或消费总额)和公共经费的比例

商品在还未成熟到能够消费之前,不宜课税

价值相等的各种商品,可以课以不相等的国内消费税

论将对许多商品所课的国内消费税累积于一种商品中加以征课

出口的本国商品应否课国内消费税

累积的国内消费税的说明

将对各种商品征课的国内消费税,累积于一种商品上征课的理由

啤酒为什么不应该作为这种商品

炉税或烟囱税是累积的国内消费税,赞成和反对征收这种租税的理由

赞成征收国内消费税的理由

论培养值得信赖的人才以担任现金出纳员、商店管理员、征收员等职务

原　　序

年轻而又不讲求实际的人结婚，其主要的和唯一的目的可能不在于生育子女，更不在于生育适合于从事某种特定职业的子女。但是，一旦有了子女，他们却力求按照子女们的各自性情和志趣加以培养。和此一样，我写这本书，目的只是想借此来清除我脑海中所有的许多令人心烦的想法，可没有想拿来供任何人参考或是为解决任何问题之用。可是，现在既已经写成，并且它的问世，正逢奥尔蒙德公爵[①]行将前往爱尔兰就任总督之时，因此我又认为，它对于了解爱尔兰以及其他地方的情况，或有其可用之处，尽管用处可能不大。

爱尔兰是这样一个国家，它必须保持大批的军队，以防爱尔兰人将来发动叛变，这种叛变，既会损害他们自己，又会损害英格兰人。这大批军队，无疑要向穷困的人民和荒凉的国土征收巨额而沉重的租税。因此，让爱尔兰理解一下各种租税的性质和征收标准，并不是不适当的。

2.为了使爱尔兰教区成为适宜于传播福音的园地，需要把它

[①] Duke of Ormond，名杰姆士·巴特勒（James Butler，1610—1688），出身于爱尔兰贵族，为死心塌地的保皇党党员，曾前后三次出任爱尔兰总督。——译者

们大大调整，重新加以合并和划分。① 在这一点上，我以前所说的关于英格兰有牧师过多的危险的那些话，也可以适用于爱尔兰。而我将要编成的该岛的新地图，②可以作为施行这种调整的依据。

3.爱尔兰资源丰富，要是不采取措施增加出口，反而对该地不利。而这些资源是否能够出口，则取决于下面所讨论的关税及国内消费税是否按适当的标准征课。

4.整个说来，爱尔兰人口是不足的；在将英格兰人迁往爱尔

---

① 1662年，爱尔兰议会通过一个法案将教区加以切实合并和划分——查理二世第14年及第15年法令第10号。配第对制定这一法案有无关系，不大清楚，但这一法案的前文似乎反映他的思想："本王国有些地方的教区非常窄小，在一英里或二英里之内就有五个或六个小教区。因此臣民必须负担建筑和修缮许多多教堂的无谓费用，而教区的财源又甚贫乏，很多教区维持不了一个牧师。另一方面，有些地方教区又非常广阔，以致区民前往教区教堂要于当日回家是有困难的。有时教区又划分得非常不合适，因而一个教区的区民到别的教区的教堂去，倒比到本教区的教堂更为方便。"因此，1662年米迦节之后，总督征得有关方面同意，决定将教区合并或重新划分。——赫尔

② 大概系指配第依据山区测量的原图（它指明教区境界）而刻印的爱尔兰地图。见拉康姆编配第：《山区测量的历史》（Petty's History of the Down Survey, ed by Larcom）第49页。1665年，配第请求国王"协助制成爱尔兰地图"，他的请求得到国王批准。同上书，第400—401页及第323页。但是，他实际上有没有得到足以完成这种计划的经费补助，值得怀疑。因为他于1672年曾说，自费制成了各区各村以及各郡的详图，将它制成铜版，并且制成了各州及整个王国的地图。见《爱尔兰的政治解剖》（The Political Anatomy of Ireland），第9章。最低限度，各郡的地图是在以后出版的。其日期不详，图名是《爱尔兰概图》（Hiberniae Delineatio），见书籍目录。这本编制年月不详的地图，英国博物馆和保德利安图书馆（Bodleian Library）都有收藏。都柏林（Dublin）的三一学院的图书馆也收有三部。除最初版本之外，其余的版本都附有配第的肖像（爱德文·山第斯〔Edwin Sandys〕雕刻的），日期是1683年。英国博物馆的地图目录，估计该图的收藏日期为1685年。不过《概图》扉页所印的爱尔兰全图（萨顿·尼可尔〔Sutton Nicholls〕雕刻的）则附有考克斯（R.Cox）所著的《爱尔兰历史》的广告，而该书第1卷却是于1689年发行的。爱尔兰国立图书馆的藏本，为献给配第之子亨利（Henry）即谢耳本伯爵（Earl of Shelburne）的再版本。因此，这版本无疑是在1719年（即谢耳本爵位设立那一年）之后和1751年（即谢耳本伯爵逝世那一年）之前出版的。——赫尔

兰,或将爱尔兰人迁出爱尔兰,①使爱尔兰大部分居民都变成英格兰人之前,它的政府如果没有需要很多经费来维持的军队,就不会得到安全。因此我认为,要吸引英格兰人迁往爱尔兰,最有效的鼓励办法就是让他们知道下述情况:国王的收入占全国的财富、租金及所得的十分之一以上;往后那里的公共经费会减少到和这里的什一税相等;并且随着国王收入的增加,各种造成国王开支的事因会相应地减少,这是有双重利益的。

6.②假如英格兰利用乞丐修筑公路,并疏浚河流使其能够通航,则爱尔兰的羊毛和家畜的销路将会更好。

7.充分理解货币的性质、各种铸币的效用、它们价值不稳定和提高或贬低它们价值的效果,对爱尔兰来说是一门最切实的学问。正因为缺少这种知识,所以爱尔兰最近就发生经常滥发货币的严重情况。③

8.在爱尔兰,土地的价值只相当于六年至七年的年租,但在海

---

① 通过使爱尔兰人和英格兰人同化的做法来解决爱尔兰问题,是配第自1655年以来所持的得意见解。在这一年,他和谷金(Vincent Gookin,1616—1659)一起反对将爱尔兰人迁移到康诺特(Connaught)去的隔离政策,据说,他到他临死那一年尚坚持这种主张。参阅菲滋摩利斯:《配第传》(E.Fitzmaurice, *The Life of Sir William Petty*),第31—32页;并参阅配第:《论爱尔兰》(*Treatise of Ireland*)。——赫尔

② 原文无"5"。——译者

③ 在整个共和政府时期,爱尔兰滥发私铸货币情况甚为严重。在配第来到爱尔兰之前不久,一些伦敦人曾因将伪造和削值的英格兰货币以及伪造的秘鲁货币运进爱尔兰而被处死刑。见西蒙:《论爱尔兰铸币》(J.Simon, *Essay on Irish Coins*),第48—49页。但是,这种走私并没有停止。同上书,第49—52、118—122页。1660年1月29日,政府发出确定金银铸币比率的布告。同上书,第123—124页。1661年8月17日,又发出禁止私铸货币的布告。鲁丁:《英国及其附属国的铸币史》(R.Ruding, *Annals of the Coinage of Great Britain and its Dependencies*),第2卷,第4页。——赫尔

峡彼岸，土地就值二十年的年租。在没有想出补救办法之前，让爱尔兰人了解一下它的原因，是有好处的。

最后，假如有人有某些可能对爱尔兰有益的意见，那么，在奥尔蒙德公爵担任行政长官的时候，将这些意见提请政府审查，乃是最好的机会；因为：

（1）他对这个国家了解得十分清楚，不论是关于和平时期的问题，或是战争时期的问题都是如此。同时对这个王国内所有互相斗争的某些人士和一切分子以至每一个党派的利害关系也都有所了解。不仅如此，他对英格兰以及一些和爱尔兰有关系的国家的情况，也都了如指掌。

（2）他已经用了活生生的事例证明他关怀英格兰在爱尔兰的利益，同时也证明了他有办法使那里的种种烦难问题尽可能得到解决。

（3）他在爱尔兰所有的地产之多，是爱尔兰所有前任总督所未有过的。因此，他不会遇到那些总督们（坎布登[①]曾对这些总督提出警告说："爱尔兰人时有怨言"）所可能遇到的危险。因为，一个人所占有的土地既多于任何人，他就有理由想得到更多的土地了。

（4）许多主要为了恢复财产或发财致富而前往爱尔兰的总督，在达到目的之后即离开爱尔兰，对人民的牢骚和怨言，一概不闻不问。但是他却不仅向爱尔兰人民保证要施行善政，而且对违反善良政治的一切不安因素，都预先加以消除。

---

① William Cambden (1551—1623)，是英国有名的历史家。——译者

（5）尽管心怀嫉妒和不满情绪的人对他的良善心怀作各种恶意曲解，他都泰然处之，敢于去做任何他认为是适当的事情；甚至为了使一个臣民得到公平待遇，他也能力排众议，无所畏惧。这是因为他那著名的宏怀大量使他不致会遭到人民的反对；同时他那久经考验的忠诚，也足以粉碎传到陛下耳边的任何谗言。

（6）他对一切创造性的努力都极为赞许，因此东部英格兰的明智之士都愿意追随他前往爱尔兰。这些人对他贡献出他们的最精辟的忠告；他对于这些忠告也都能加以慎重选择，并且付之施行。

最后，这位伟人是在爱尔兰有如一张白纸的时候，来治理这一殖民地的。这时的议会对他甚表好感，遇事常常和他商讨，又拥戴对于改革既很热心、同时对改革又抱着谨慎态度的国王，因此，凡是符合于正当道理和自然法则的提案，都有机会获得通过而制订成为成文法。

因此，把我在这里所说的想法应用于爱尔兰，并在这些想法还有用处（如果有些用处的话）的时候把它们发表，我认为可说是趁热打铁，十分及时。这里，我要对世界说明的是，我并不认为我能够改善世界的情况；我认为，为了使每个人各得其所，最好让事物 vadere sicut vult（自行其是）；我十分了解 res nolunt male administrari（事物是不愿意让人弄坏的）。① 我也十分了解（假设我想

---

① 这是配第所喜爱的引语。它在他所著的《论二重比》(1674 年，见《政治算术》献词注)和他在 1686 年 6 月 2 日给索斯威尔(Southwell)的信(见菲滋摩利斯：《配第传》，第 274 页)中都出现过。这是他在《爱尔兰的回忆》(Speculum Hiberniae)一文中的篇首题词，不过被改写成 Ingenia solent res nolunt male administrari。蔡尔德爵士(Sir

做某些事情或者能够做某些事情),事物有其本身的道理,自然是不能欺骗的。因此,我所以写这篇东西(如已说过的),只是为使我自己得到安宁,得到解脱,因为我的脑海中一直充满着那些日常听到的关于促进或调整产业的议论,以及关于租税等等问题的怨言。我所说的话是不是会受到人们的蔑视或谴责,我对之都不介意。我对这点所抱的心情,正如某些富翁对其子女生活奢侈所怀的心情一样。虽然这些富翁相信以后他的子女会挥金如土,但是今日他们仍然以赚钱为乐事。和这一样,虽然我觉得这本书,不会有什么意义,但是我仍愿意把它写出来。快跑的人未必能获胜,① 而每个人都会得到时间和机会,所以我希望公正的人士对本书加以批评;对他们的指正,我绝不会不耐烦。

Josiah Child)认为配第是这句话的作者。不过彼得·配特爵士(Sir Peter Pett)说,这句话是近来(1680年左右)的流行语,只是现世的人把它的作者弄错了。配特把它说成是来自比德的《哲学原理》(Bede's *Axiomata Philosophica*)和亚里士多德的《形而上学》(Aristotle's *Metaphysica*)。参阅配特:《幸福的未来的英国》(*Happy Future State of England*),第250页。——赫尔

① 见《旧约全书》,《传道书》,第9章,第11节。——译者

第一章　论各种公共经费

国家的公共经费,就是陆、海两方面国防所需的经费,维持国内及海外和平所需的经费,以及当其他国家侵害本国时作光荣报复所需的经费。这些经费,我们可称之为军事费。这些经费在平时一般不少于全部经费中其他任何项目,而在非常时期(即战时及有战争威胁之时),则比任何其他项目都多得多。

2.公共经费的另一项目,是行政官吏——首长和其助手——的俸禄。所谓行政官吏,我不仅指将其全部时间用于执行各自职务的那些人,而且还指这样一些人,他们花很多时间努力于培养自己,使自己具有执行这些职务的能力,同时又花很多时间努力于使上级长官承认其有这种能力并值得信任。

3.这些行政官吏的俸禄应该很丰裕、很优厚,要高于靠私人努力或者从事私人职业所能得到的,以便他们能够具备自然的与人为的权力根据来从事他们的职务。

4.因为,即使许多人称自己的一个同僚为国王,但如果这个被拥立的君主,外表并不比别人优越,他既不能奖赏服从他而又讨他欢喜的人,又不能处罚那些不服从他和不讨他喜欢的人,那么,尽管他偶尔具备比其他同僚优越的体力和智力,他的被立为国王也没有多大意义。

5.有一些官职只是名誉性质的,如州官、治安推事、警官、教会执事等。人们从事这些职务,对其日常的生活之道,不会有很大妨害；并且人们认为，能得到被信任的荣誉和被敬畏的喜悦，就是对这些职务很好的报酬。

6. 私人与私人之间的、国家或公共团体和其某些成员之间的纠纷的审理所需的司法经费，以及为惩处已发生的不法行为和罪行并防止将来发生犯罪行为所需的经费，也属于这一类公共经费。

7. 公共经费的第三项，就是为拯救人的灵魂，启导他们的良知所需的经费。也许有人认为这种经费是关于另一世界的，而且只是关于另一世界中每个人的私人利益的，所以不能算是这一世界中的公共经费。但是，如果我们考虑到逃避人类的法律、干犯找不到证据的罪行、捏造证词、曲解法律的意义等行为是多么容易，那么，我们就会认为有必要缴纳一种公共经费，用以使人们通晓神的戒律。神的戒律能看到邪恶的意念与企图，而且更能看到隐秘的行为，它能在另一世界中对在人世只能加以轻微惩处的邪行作永恒的惩罚。

8. 现在担任这种公务的人所拿到的俸禄，也必须相应的优厚。不仅如此，即使在这人世的生活中，他们也必须具备一些资力，以便能够用某种报酬来吸引世人。因为过去许多人信仰基督，只不过是为了基督给予他们的面包而已。

9. 另一项目是各种学校以及大学所需的经费，特别是这些学校对上述那些人教授诵读、写作和算术等科所需的经费。这些学科对每个人都有特殊的用处，它们可以帮助和补充记忆与推理——计算具有后一种作用，而诵读和写作具有前一种作用。至于神学之类应否成为一种私人职业，在我看来是一个值得讨论的问题。

10.的确,学校或学院这些机构,目前大多数是某些特殊人物所捐献的,或者是某些特殊人物为追求他们私人目的而花费金钱和时间的场所。但是,如果它们的目的是在于给最优秀而有天资的人提供一切意想得到的帮助,使其从事于探求自然界的一切运行规律,那无疑是一种善举。在这个意义上,它们所需的经费也应当算是一项公共经费。在选择这些天资聪敏的人来从事上述工作的时候,不可根据他们双亲和朋友的盲目自夸(乌鸦总以为它自己的子女是鸟群中最美丽的),而应该像土耳其政府从基督徒子弟中间选拔最能干的下属和助手那样,征求其他较公平的人士的意见。关于这种选拔,后面还要叙述。

11.另一项目是对孤儿、无家可归的儿童以及弃婴(他们也都是孤儿)的抚养费,和对各种失去工作能力的人及其他没有工作的人的赡养费。

12.因为在有可能得到食物的时候,让那些根据自然法则不应该挨饿的人们求乞为生,乃是一种花费更大的赡养办法。不仅如此,我们一方面把限制贫民的工资,使其不能有一点积蓄以备应付失去工作能力或失业时的需要,看成是理所当然之事,另一方面又让他们饿死,那显然是极不合理的。

13.最后的一个项目,就是修筑公路,疏浚可资通航的河流、水道,建筑桥梁、港湾,以及举办其他公共福利事业所需的经费。

14.我们还可以想到其他项目。但是我想让别人去说明它们,或提出更多的项目,这里不谈。因为,就我的目的来说,目前列举这些主要而又最显著的项目就已够了。

第二章　论各种公共经费增加和加重的原因

在讨论了各种公共经费之后，我们再来探讨使这些经费增加的一般和特殊的原因。

在一般的原因之中，第一是人民不愿意缴纳这些经费。这是由于他们总是怀疑征课过多，或者征收的税款被人贪污或浪费了，或者征课得不公平，他们认为用拖延和推诿的办法就可以把它完全逃避过去。所有这些都会增加不必要的征收经费的开支，同时也促使君王加强对人民的压制。

2.使各种租税加重的另一原因，就是强迫人民在一定时期用货币缴纳税款，而不允许人民在最适宜的季节用实物缴纳。

3.第三，征收权含糊不清，模棱两可。

4.第四，货币缺少和铸币混乱。

5.第五，人口少，特别是劳动者与工匠少。

6.第六，对人口、财富、产业的情况一无所知，这便造成因纠正计算上的错误而引起的无谓的开支循环和追缴新增加的补税额的麻烦。

7.现在谈特殊的原因。造成军费增加的原因，和那些使战争危险或战争威胁（不论这种战争是对外战争还是内战）增大的原因相同。

8.进攻性的对外战争往往是在公共利益的漂亮名义之下发动

的。但是实际上它是由各种形形色色、不可告人的私人恶感所引起的。关于这种战争,我们是没有什么可说的。但是,特别在英格兰,却有一种不正确的见解经常对发动这种战争起鼓励作用。这种不正确的见解认为,我国人口过多,如果我们需要更多领土,则与其向美洲人购买,不如向邻国夺取来得便宜。还有一种错误的想法,认为君主的伟大与光荣,不在于团结一致和治理得很好的人民的人数、技术水平及勤劳程度,而在于领土的大小;不仅如此,而且还认为与其靠自己的勤劳从土地或海洋中获取财富,不如用欺骗和强夺手段向别人夺取财富来得光荣。

9.有些国家是不会进行由上述个人动机所引起的对外战争的,因为它们的统治者的收入很少,不足以进行这种战争。如果这种战争偶然发生,并且发展到需要增加捐税的程度,这时掌握征课捐税权力的人除了应努力扑灭战火之外,还要追问什么人、为了什么目的发动战争,并对战争的发动者严加责难,而不应支持他们。

10.防御战争是由于被侵入国家对战争没有准备而引起的。下述这些情况都可说是对作战没有准备:腐化的军官将残损物资冒充完善物资分发给军火库;军队征募得不合理;士兵不是司令官的佃户,就是司令官的用人,要不然就是因犯罪或负债而想逃避法律制裁的一些人;军官不了解自己的业务并擅离职守;军官由于不给士兵发薪饷而不敢处罚士兵等。因此,国内经常保持戒备状态,乃是避免外国所发动的战争的最省钱的方法。

11.在欧洲,国内战争往往起因于宗教纠纷。这就是说,对背离正道的异端分子的处罚,不是课以恰当的、适度的罚款(这种罚款,每一个有良心的非国教徒都乐于缴纳,但如果是伪信者,则不肯缴纳,因此也就暴露了其为伪信者的面目),而是在公共场所,在无知的群众面前,或处以极刑,或褫夺其自由,或切断其肢体,因此引起内乱。

12.国内战争也往往起因于有些人幻想整个社会发生混乱可能改善他们的不佳处境那种事实。可是实际上,当这种混乱情况结束的时候,纵使他们能得生还,获得成功,恐怕他们的处境将会变得更坏,何况他们更有可能在斗争中丧命。

13.此外,人们认为多数政体都会在短短几年内使臣民的财富状况发生重大变化;认为现有的具有长期历史的政体并不是这个国家最好的政体;认为任何已经确立的王朝或君主并不比任何一个觊觎王位的人物好,甚至不比从所能做到的最完善的选举产生的人物好;认为政权是无形的,它并不一定和某一个人或某些人结合在一起。① 所有这些想法,也都是引起内乱的原因。

14.国家的财富集中于少数人之手,同时又没有方法可以保证所有人民不至沦为乞丐、盗窃或者受雇为士兵,这种情况也是引起内乱的原因。

此外,一方面允许某些人穷奢极侈,另一方面又任凭其他许多人饥饿致死,这也是内乱发生的原因。

根据不可靠而又不切实的理由施赐恩惠;对没有显著功绩的人物和党派给以巨额赏赐。这些都是使头脑不清的群众产生敌

---

① 这大概是指在哈林顿(James Harrington,1611—1677)的罗塔俱乐部(Rota Club)中所展开的辩论和他的关于选举与主权的理论。吴德(Anthony Wood,1632—1695)说,"配第博士为罗塔俱乐部的一个成员,他时时在俱乐部中诘难哈林顿"。他们二人争论,是因为意见分歧呢,还是纯粹出于爱好争论,这是个疑问。——赫尔

第二章　论各种公共经费增加和加重的原因

意的原因,而这些群众正是容易被少数阴谋者的火花点燃的导火线。

15. 就宗教事务说,公共经费增加的原因,就是各教区与牧师职务的范围,没有随着天主教的改革、也没有随着殖民地和产业的变化而改变。既然现在宣传福音的牧师是向聚集在一处的许多听众讲道的,那么,教区不可以再加以扩大吗?换句话说,既然今日每一只羊不像以前那样每年要剪梳三四次,那么将羊群再加以扩大,难道不可以吗?英格兰和威尔斯居民大约不过五百万人,为什么需要五千以上的教区呢?这就是说,每个牧师只照管一千个人。可是在伦敦的中等教区,每个教区都有五千人。依据这个算法,英格兰和威尔斯只需一千个教区就够了。可是,那里现在却有近一万个教区。

16. 把教区减少一半(按牧师待遇每教区一年平均只需一百镑计算),可以节约五十万镑。不仅如此,教区牧师人数如减少一半,则主教、副主教、牧师会、牧师宿舍以至大教堂——这些方面所花的经费,恐怕要在二、三十万镑以上——也只要现在的半数就够了。这样将使神的教会被人们崇奉得比现在更加虔诚,并且从古传下来的神圣的教会制度以及它们靠什一税来维持的做法,也不会受到损害。所有这些都可通过大规模的宗教改革以及和它相适应的方法得到实现。

17. 但是,可能有人说,在一些荒僻的地区,一千人口也要住上八平方英里的土地。对这个意见,我作这样答复:像这样的地方简直没有。我所知道的最大教区,从没有超过三平方英里或四平方英里的,因此人民在这种地区的某一中心点每周聚会一次,没有一点困难。

18.不仅如此,我还认为,一个学问不大的副牧师假如生活优裕,并且任命适当,他每星期日是能够胜任愉快地在四个礼拜堂执行他的职务的。而确实有学问、口才好的传道师,可以每隔一个星期日在这些礼拜堂中讲道一次,这一星期日在这两个礼拜堂中讲道,另一星期日又在其他两个礼拜堂讲道。如再加上平日的教义问答与课外讲解,这样讲道也能够像现在一样进行,同时也能够施行祈求拯救时所需施行的向神祷告的仪式。因为基督的轭是容易的,他的担子是轻的。[①]

19.但是,我想作如次结论,以结束这个问题的讨论。就是说,如果将英格兰与威尔斯划分为许多三平方英里的地区,则可作为教区的地区,不过四千而已。

20.将这些什一税割让,岂不是窃取圣物吗?如果有人这样说,我的答复是:如果把它用于保卫神的教会,以对抗土耳其人、罗马教皇以及皈依于这些人的民族,则这种割让并不是窃取圣物。更不用说将什一税的四分之三给予当这些津贴公布之时就已不在人世的牧师的妻儿了。

21.如果我不怕提出削减教会财源的建议的话,我倒认为削减每个剩下来的教区牧师的什一税及报酬的一部分,而让他部分地仰给于他的教徒的自由的捐献,倒是促进福音的方法。而且这种方法也不至触怒那些认为他们的全部俸禄应该依靠什一税来维持的人。

---

① 见《新约全书》,《马太福音》,第11章,第30节。——译者

第二章 论各种公共经费增加和加重的原因

22.我还认为,英国男人比女人多①(这种不平衡本身就妨碍生育),所以让牧师们恢复独身生活,或者不让结婚的人当牧师,是有好处的;因为事实上不难从五百万人中找到五千个能够并且愿意过独身生活的人,这个比例不过是千分之一。这样一来,不结婚的教区牧师就能够以他们现有俸禄的一半来维持他们现在用全部俸禄所过的生活。

23.但是,教区数目及牧师俸禄的削减要以下述条件为前提,就是这种削减必须不至于使现在的牧师蒙受损失。

24.至于削减行政及司法方面的经费,问题就在于废除不必要的、多余的以及过时的官职;也在于把其他官职的待遇减低到与执行职务所需要的劳动、能力及信任相适应的程度。因为有许多职务是完全由待遇很低的助理人员来执行的,可是他们的长官们——尽管他们完全不知道在职务上已经做了些什么和应该做些什么——所得到的待遇却比他们多了十倍。

25.当这些经费只是用来支付官吏的正当报酬的时候,其多余的部分就应该或是交还对君主缴付这些经费的人民,或是由君主保留以备充作公共经费之用。但切不可为了某些人的频繁请求而将这笔款项给予他们。因为将这种恩惠给予他们,只会使他们及其随从者懒惰,不顾国家的和他们自己的真正利益,同时也完全不顾和无视公共福利。

26.像这种事例可以举出很多;但是我不打算特别伤害哪一个

---

① 参阅格兰特:《对死亡表的自然的和政治的考察》(G.Graunt, *Natural and Political Observation Made upon Bill of Mortality*),第8章。——赫尔

人，所以我不想继续说下去。我只不过希望长久以来被弄错的事情能普遍得到纠正而已。在这种情况下，任何人都不至受到损害。因为如果所有的人都受到损失，那等于任何人都没有受到损失；如果所有的人都失去他们财产的一半，那么任何人都不会比现在更穷；和这一样，如果所有的人的财产都增加一倍，那么任何人也不会显得更为富裕。因为计算谁贫谁富，不是以财富的数量为根据，而是以财富的比例为根据。

27.削减各大学——我将花费不很多的伦敦四个法学协会①也包括在内——的经费，在于减少学习神学、法律及医药的学生的人数，其办法是减少这些行业的用途。

上面我已对神的事务作了叙述，下面想谈一下法律的事务。我认为，如果设有登记所有人们的土地财产以及财产转移证件和契约的地籍登记簿，同时又创设公共贷款银行和贷款业者，或以存款、金银器皿、珠宝、布匹、羊毛、丝绸、皮革、麻布、金属以及其他耐久商品为保证的信贷银行，②那么，我确信诉讼案件和文书，绝不会超过现有的十分之一。

28.不仅如此，如果我们将法官及法院书记人数按照人口、土地及其他财富的状况加以调整，则剩下来的人数，绝不会超过现有的百分之一。因为我曾听到有人说，现有法官及法院书记人数比

---

① Inns of Court，指伦敦四个有检定律师之权的法学协会。——译者
② 将荷兰的登记制度和贷款业务介绍到英国来，是主张学习荷兰的人士的共同要求。参阅罗雪尔：《英国经济学史》(W. Roscher, *Geschichte des englischen Volkswirtschaftslehre*)第63页；蔡尔德：《简短的观察》(G.Child, *Brief Observations*,1668)，重印于《贸易新论》，第5页及第7页；滕普尔：《荷兰联邦的考察》(W.Temple, *Observations upon the United Provinces*,1673)，第83—85页和第200页。——赫尔

第二章 论各种公共经费增加和加重的原因

实际需要的多十倍,而现有的诉讼案件也比进行上述改革后可能有的多十倍。所以,整个说来,将来所需要的从事法律事务的人员及司法人员人数,可能不到现有人数的百分之一,同时犯罪及犯法的机会也会大为减少。

29.至于医生,我们借助于最近对死亡表所作的考察,不难从死亡人数中得知伦敦有多少人患病,并从城市的得病率中发现乡村的得病率。参照这两方面的材料以及熟悉情况的医学院的意见,我们就不难计算全国需要多少医生,[①]因而也能确定应该许可和奖励多少人去做医科的学生。最后,在计算出这些数字之后,也不难确定学习做外科医生、做药剂师以及做护士的学生的比例数。这样就可以去掉和清除这一神圣事业中无数无用的冒充者和骗子手;这一神圣事业乃是世俗职业中,我们的救世主本人在开始说教之后就委身从事的职业。

30.如果大家对上述各点没有异议,那么多少名牧师、医师及文官(即由各大学培养出来的人们)是公共服务所需要的呢?假定按现行办法需要一万三千人,则按我们所建议的削减办法,或许只需六千人。假定每年每四十人中有一人死亡,那么,各大学每年培养出来的学生不到三百五十人就够了。假如他们平均在大学学习

---

① 配第于1650年6月25日取得医学院教授候选人的资格。1655年7月14日,他被选为该院的评议员;但由于当时他在爱尔兰,直到1658年6月25日才就任这个新职务。见孟克编:《伦敦皇家医学院名册》(W.Munk, *Roll of the Royal College of Physicians of London*),第二版,第1卷,第271页。他亦为1664年任命状所列的四十个评议员之一。见谷达尔:《皇家医学院》(C.Goodall, *The Royal College of Physicians*),第70页。他所提的建议和这一团体的宗旨并无不合之处,这个团体就是"为了改进和整顿医术的行施,取缔这一事业中不合格、不学无术和不胜任的从业者"而设立的。——赫尔

五年,那么,经常在校学生的人数就应为一千八百人;在这里我是指那些立志以学问为职业和谋生之道的人说的。

31.我想指出的是,如果一千八百名学生即已够用,同时英格兰教区抚育的儿童和孤儿有四万人,那么这些儿童每二十人中就可能有一个是具有超人才智和前途光明的人。

可是,既然社会可以任意处置这些儿童,同时两家大学又都有经费来培养一千八百名以上的学生,那么,假如我们的教授是按这种办法选拔和教育的,情况又将如何呢?不过关于这个问题,容在以后再谈。

32.这里还可以再说明一下。由于有了前述的贷款银行,我们就能够了解所有商人的信用及资产情况,并可预防货币方面的一切不可思议的危险;由于对我国物产、工业品、消费量及进口情况有正确估计,我们就能够知道需要多少批发商来经营我国的剩余产品和别国的剩余产品相交换的业务,同时也可以知道需要多少零售商来从事把商品再分配到国内每个农村并收购这些农村的剩余产品的工作。根据这些计算,我认为这些商人大部分也可以削减。这些人本来就得不到社会的好评,因为他们只不过是互相以贫民劳动为赌注的赌徒;他们除了充当促进国家的血液和养分(即农业及工业的产品)循环的静脉和动脉之外,本身什么也不能生产。

33.如果将与行政、司法及教会有关的许多官职和费用削减,同时将那些对社会所作的工作微不足道但所得报酬却极可观的牧师、法官、医生、批发商、零售商的人数削减,则公共经费就会很容易支付,而它的征课也会变得非常公平了。

第二章 论各种公共经费增加和加重的原因

34.前面我们列举了六项公共经费,并约略谈到其中四项如何可以削减;下面我们要讨论其他两项。对这两项,我们却主张增加。

大体说来,我把这两项之中的头一项叫做贫民救济。这包括身体健康的老年人、盲者、跛者之类的收容所,和治疗麻烦的、慢性的、可能治愈以及不能治愈的内科及外科各种疾病的医院,以及治疗急性及传染性疾病的医院。此外还有孤儿、无家可归的儿童及弃婴的收容所。这些弃婴只要他们的姓名、家世和亲戚能够妥善保守秘密,不管其人数多么多,一律都不能拒绝收容。当这些儿童到了八岁或十岁的时候,可对他们进行选拔;通过这种选拔,国王可以得到执行各种事务所需要的最合适的助手。他们无疑会像他的亲生子女一样,忠心耿耿地为他服务。

35.这些并不是什么新奇而罕见的东西,只是在我国一向被人所忽视,因而被看成是罕见的新方案了。这类机构一向所获得的美满的结果,也是人所共知的;关于这一点,我们以后在别的地方再作详细叙述。

36.当所有无依无靠和没有工作能力的人都得到这样的扶养,而懒惰和盗窃成性的人都由法官加以管束并处罚的时候,我们就必须为所有其他贫民寻找一些固定的职业。这些人如果规规矩矩地从事劳动,是应该得到丰衣足食的。他们的儿女(假如年幼没有工作能力的话),也要像上面所说那样在其他地方得到抚养。

37.但是,这些职业将是什么样的职业呢?我认为,那是属于公共经费第六项中所列的职业。这就是:使所有公路加宽、坚固而平坦,借以大大减轻旅行和车马的费用和烦劳;疏浚河流,使其能够通航;在适当地方栽植有用的树木,以供采伐、观赏和生殖水果之用;修建桥梁和堤道;开采金矿、石矿和煤矿;冶炼钢铁等各种职业。

38.我将所有这些事业,归类为如下几项:第一,本国所缺少的事业;第二,需要劳动多而需要技术少的事业;第三,一些在英国新创办的事业,而这些事业将可填补我们几乎完全破产的纺织业。①

其次,人们可能会问,谁来供养这些人呢?我的答复是所有的人。原因是这样的:假定某一地区有一千人,其中一百人能够为全体一千人生产必需的食物及衣服,另外二百人生产可以和其他国家的商品或货币互相交换的各种商品,又四百人为全体居民的装饰、娱乐及庄严的气派服务;如果行政官吏、牧师、法官、医生、批发商及零售商人数为二百人的话,则全部共为九百人。在这种情况下,问题是,既然尚有充裕食物给那多余的一百人食用,那么他们如何得到这些食物呢?是靠乞讨呢,还是靠偷窃呢?他们是应该因行乞无所得而饿死,还是应该因行窃被查获而被处死刑呢?要不然,是应该把他们交给愿意接受他们的其他国家吗?依我看来,很明显,既不应该让他们饿死,也不应该将他们判处绞刑,也不能把他们送给别的国家。如果让他们求乞,他们就会今天饿得形容憔悴,明天狼吞虎咽地饱食一餐,这就要引起疾病并养成坏习惯。让他们行窃,情况也是如此。不仅如此,他们求乞或行窃的所得,也许会多于他们的需要,这就会使他们以后永远不想劳动;即使突然而意外地出现了最好的机会,他们也不肯劳动了。

---

① 在1662年左右,一般都认为英国的纺织业破产了。——赫尔

第二章　论各种公共经费增加和加重的原因

39.由于所有这些理由,将剩余的东西给予他们,确是一种比较安全的方法。不然的话,这些东西也会丢失或被浪费掉。如果没有剩余,则可将别人的丰美食物的质量和数量减低一些;因为绝大多数的人的实际消费,都不少于维持生存的最低需要的二倍。

40.这些多余的人的工作,最好是无需耗用外国商品的工作。即使叫他们在索耳兹布里平原①建筑无用的金字塔,或将斯顿亨奇②的石块运到塔山③上面去,或做其他类似的工作,都没有关系。因为这类工作最少也能使他们的精神得到训练,养成服从的习惯,同时也能使他们的肉体在必要时能够从事有更多收益的劳动。

41.其次,我想说一说修筑公路、建设桥梁和堤道、疏浚河流,除了供游乐和观赏之外,还有什么好处,以证明上面的提案是十分有利的。对这一点,我认为,作为前述问题的一个例子,这些职业除了能从爱尔兰运来大批牛羊群之外,还可以使英格兰的马匹十分充裕。这些马匹所具备的美观、强壮、勇猛、敏捷和耐性等许多优良特性,都在别国马匹之上,所以在整个欧洲是一种销路非常好的商品。而且这是由于英格兰土地的固有性质而来的,无法仿制,也不是别国所能抢走的。不仅如此,马这种商品,不管市场多么遥远,都能够将自己和商人一起运到市场去。

---

① 索耳兹布里平原(Salisbury Plain)为英格兰中南部威尔特郡(Wiltshire)的平原,离伦敦约 90 英里。——译者
② 斯顿亨奇(Stonehenge)为索耳兹布里平原上的古代石柱群。——译者
③ 塔山(Tower-Hill),山冈名,伦敦塔建立于其上。——译者

第三章 人民不甘心负担赋税的原因如何才能减少

我们已经就公共经费的全部六个项目大略作了论述,并指出(虽然不全面,而且有些匆促)哪一项应该增加,哪一项应该减少。

下面想讨论一下在人民不甘心负担赋税的一般原因之中,哪些能够消除。这些原因是:

2.(1) 人民认为元首的需索,超过他的需要。关于这一点,我认为,如果元首确能按时得到他所需要的款项,则预先将税款全部从臣民手中征收过来,并把它储藏于自己的金库中,这对于他自己也是一种很大的损失。因为货币在臣民手中是能通过贸易而增殖的,而储藏于金库之中不单对自己没有用处,而且容易为人求索而去或被浪费掉。

3.(2) 不管租税多么沉重,如果它对所有的人都按适当比例征收的话,则任何人都不致因负担租税而使财富有所损失。因为(如前面所说的)如果人们的财产都减少一半,或是都增加一倍,则每人都仍然同样富有。原因是每人都保持原先的地位、尊严和身分。不仅如此,所征收的货币并没有流出国外,所以和任何别的国家比较,本国仍然像原来一样富有。只是君主的财富和人民的财富,在短时间内(即在将征收自某些人的货币,付还给原主或其他缴付这些货币的人之前的那一段时间之内)有所不同而已。在这种情况之下,经过重新分配,每个人都有可能变得更富或更穷;或

第三章 人民不甘心负担赋税的原因如何才能减少

者在一方面蒙受损失,但在另一方面却得到收益。

4.(3) 最使人感到不满的,就是对他的课税,多于对其邻人的课税。关于这一点,我认为,这种事情有时是由于错误,有时是出于偶然;在下次课税的时候是可以做得令人满意的。即使这种做法确实出于有意,但也不能认为这是元首的意图,它只是当时估税官的意图。这个估税官,在下一次必定会受到那个受他委曲的纳税人的报复。

5.(4) 当人们想到征收来的货币被花于宴乐、排场、粉刷凯旋门等上面的时候,就会深感不满。对这一点,我认为,这种支出不过是将上述货币支付给从事这些工作的工人。虽然这些工人的职业似乎毫无意义,只是为排场服务,可是,在这种支出之下,货币却会立即到了最有用的人们,即酿酒工人、烤面包工人、裁缝、鞋匠之类的人的手里。不仅如此,君主从这些排场和宴乐所得到的愉快,并不比他臣下的其他十万个最卑贱的臣民所得到的愉快大,这些臣民虽然发牢骚表示不满,但却不惜远路跋涉前往参观这些错误而讨厌的浮华场面。

6.(5) 人民常常抱怨君主把从人民那里征课来的钱财给予他所宠爱的人。关于这一点,我认为,给予国王的宠臣的金钱再一转手就会流入我们之手,或是流入我们所寄望而且认为值得得到这些钱的人们之手。

7.其次,今日这个人是国主的宠臣,以后也许另一个人甚至我们自己也会成为国王的宠臣。国王的宠爱是拿不准、捉摸不定的,用不着羡慕。因为登山之路,也就是下山之路。何况英国的法律和习惯,都没有规定出身卑贱的人的子弟不得担任国家的要职,更不用说禁止他得到君主的私人宠爱了。

8.所有这些想法(一般人的脑海中容易有这些想法),都使人不愿意缴纳租税,这就使君主对人民采取严厉手段。可是,这种严厉手段如果偶尔加在一些有家庭负担、贫困而又顽强地不肯缴纳租税的人身上时,那就会使轻信的人抱怨国王的压迫,同时使他们对所有其他事情也抱有恶感;从而使其原来就有的不满情绪益加严重。

9.(6)对人口数目、产业及财富状况毫无所知,往往是使人民遭受不必要痛苦的原因。原来只需征课一种租税,由于这种无知,却要征课两种或多种税,而且甚至加倍征课,因而使人民负担加重,备受痛苦。最近的人头税便是其中一例。在征课这种人头税时(由于不知道人民的状况,不知道各类应该加以征课的人究有多少,缺少据以评估税率的明确标准,把财产与称号和官职混同起来),就犯了许多严重错误。

10.此外,由于不知道人民的财富情况,君主就不知道人民究竟能够负担多少赋税;由于不知道产业情况,君主也就不能判断什么时候是适当的向人民征税的季节。

11.(7)征税权模糊不清模棱两可,一向是使人民最不情愿纳税和迫使君主采取严厉手段的原因。其明显的例子就是船舶税,它是整个王国二十年来灾难所由发生的重大的原因。

12.(8)人口少是真正的贫穷。有八百万人口的国家,要比面积相同而只有四百万人口的国家不仅富裕一倍。因为行政官吏是需要很多经费来维持的,可是同一人数的行政官吏,管辖人口多与管辖人口少一样,差不多都能同样地执行任务。

13.其次,如果人口少得使人们只须靠天然的产物或只须做轻微劳动(像从事牧畜之类的作业)就能维持生活,那么,他们就会变得没有任何技能。这是因为四体不勤的人是忍受不了任何精神上的苦楚的,而思虑过多就会引起这种精神上的苦楚。

14.(9) 货币不足,也是纳税情况不佳的一个原因。因为,如果我们考虑到本国所有财富——即土地、房屋、船舶、商品、家具、器皿及货币——中间仅有百分之一为铸币,而英国现在只有六百万镑货币(这等于每个人只有二十先令),①那么,我们就能很容易地得出结论:即使有很多财产的人,突然要支付一笔货币,也是很困难的。如果他们筹集不到这些货币,严厉的责难和罚款就会接踵而至。这种责罚虽然是不幸的,但却也未可厚非。因为,虽然一个成员和全体一起遭受到损害,要比单独一个成员遭受损害来得容易忍受,但叫某一个成员遭受损害,总要比让全体成员都受到危险来得容易忍受一些。

15.(10) 规定一切租税都必须用货币缴付,似乎是有些不合理的。这就是说,(假如国王需要对他停泊在朴次茅斯港口的船只调拨粮食,)农民由于国王不肯接受肥牛和谷物这些实物,他就不得不事先将谷物运到也许有十英里远的地方去出售,把它换成货币;而这些货币交给国王以后,国王又要将其换成从几十英里远的地方运来的谷物,这完全是一种浪费。

16.不仅如此,农民由于急着要卖,就不得不廉价出售自己的

---

① 在《政治算术》第 9 章中,配第又作了这种估计,并且用计算方法来证实它。——赫尔

谷物,而国王由于急着要买,也不得不高价购买所需的粮食。但是,假如在当时当地用实物缴付的话,就会减轻贫民的许多痛苦。

17. 其次要加考虑的,就是过高的租税对全体人民所发生的后果和影响(这里不谈对上面所说的某些人所发生的后果和影响)。对这一点,我认为,经营一国产业所需要的货币要有一定的标准和比率;过多或过少,都会对产业有害。这正和为了便于和银币兑换,为了便于结算不能用小银币结算的账目,在为数很小的零星买卖中必须有一定比率的铜币恰恰一样。因为货币(它是用金和银铸造的)对生活必需品(即食物和衣着)的关系,正和铜币及其他地方性的辅币对金币和银币的关系一样。

18. 商业上所需要的铜币的数目要由人口数目及它们的交换次数来决定,并且主要地也要由最小的银币的价值来决定;同样,我国产业所必需的货币的数目,也要由交换次数及支付额大小(这往往不是法律或习惯所能规定的)来决定。因此,如果备有可以据以了解每个人所有财产的真正价值的地籍登记簿;如果设有必需品(如金属品、毛织品、亚麻布、皮革及其他有用物品)的储存所;如果再设有经管货币的银行,那么,经营产业所需的货币就可以少一些。因为,如果所有巨额的大笔支付都用土地来进行,而其他大约在十镑或二十镑以上的支付用贷款业者或放款银行的信用来进行的话,那么,只有在支付十镑或二十镑以下的款项的时候才需要货币。这种情况和下面一种情况是一样的,即假如有很多二便士银币,那么兑换所需的铜币量就要少于六便士银币为数很少的那种情况。银币为六便士的时候只需要较少的铜币就足供兑换之用了。

第三章 人民不甘心负担赋税的原因如何才能减少

19.根据以上各点,我认为,即使国内货币过多,如果国王将所有多余的货币存入自己的金库,并允许人民用他们最容易拿出来的实物来缴税,那么,对社会、对国王都有好处,就是对私人也无害处。

20.另一方面,如果征税过多,使得货币量减少到不能应付经营国内产业的需要,那么,由此而来的害处就会是作业减少。这和人口减少或人民的技能及勤劳程度衰退是一样的。因为,如将一百镑当作工资支付给一百个人,就会生产出价值一万镑的商品,可是,如果没有这种使他们继续就业的动力,则这些人就会无所事事,变成无用了。

21.我认为,如果各种税收都直接用于购买本国所产的商品,则它们对全体人民并无害处。它们只是使某些人的财富和财产发生一些变化;明显的就是使这些财富和财产从占有土地而游手好闲的人手里移转到聪明而勤勉的人手里。举一个例子说,如果某个地主将自己的土地以每年一百镑的租金出租给农场若干年或若干代,而政府为了维持海军需用,对他每年征课二十镑,那么,结果就是:他每年缴纳的二十镑,将被分配给海员、造船匠及其他与海军有关的行业。如果这个地主自己经管他的土地,那么,由于被征课的田赋占其地租收入的五分之一,他就会按此比例向他的转租人增加地租,或是将他的家畜、谷物及羊毛的售价提高五分之一,并且依靠他的人也会这样做,这样他就能够在一定程度上收回他所缴纳的田赋。但是,如果所征收的税款全部被投入海中的话,那么,最终结果不外是每个人都必须多劳动五分之一,或是削减消费五分之一——这就是说,如果国外贸易能得到改善,人们就要多劳动；如果国外贸易不能改善，人们就要削减消费。

22.我认为，在一个治理良好的国家，这种租税是一种最坏的租税。但是还有一些国家，它们对求乞和行窃没有什么预防方法，因而求乞和行窃成为无业的人们的可靠的生活之道。我认为，在这些国家中，过苛的税课甚至会造成生活必需品极端而难于克服的缺乏。同时，由于这种缺乏来得非常突然，所以无知的人们就会无法找到生存之道。这种情况在自然法则支配之下必然会立即迫使他们不惜进行抢掠和撞骗来救活自己。而这又必然引起死刑、切断肢体和监禁的处分，因为依据现行法律，这些行为乃是危害国家以及危害个别受害者的罪行。

第四章 论各种征税方法。第一，划一部分领土为王领地，以供各种公共开支之用。第二，征收赋税，即征收田赋

假定各种使公共经费增加的原因，能够尽可能减少，同时人民对于政府和国防所需的经费，以及为维护君主和国家的荣誉所需的经费，都愿意承担他们所应负担的份额。那么，现在就要提出如何能够最容易、最迅速、最能使人不知不觉地征收这些经费的各种办法和措施。在这样做的时候，我想先分析一下近年欧洲各国所施行的主要征税方法，说明其便利和不便利之处。此外，也想谈一下其他一些比较不重要和不大常用的方法。

第四章 论各种征税方法。第一，……即征收田赋

2.假定移居到某个地区的一定人数的居民，在计算之后得出结论说，每年需要两百万镑作为公共经费之用。或者假定这些居民比别人更加勤敏地从事他们的工作，他们经过计算，认为应将他们所有土地和劳动所提供的收入的二十五分之一扣除下来，充作公共用途。（这一比率恐怕十分适合于英国的情况，这一点容后再说。）

3.现在的问题是，用什么方法筹集上述的两百万镑，或收入的二十五分之一。我们建议的第一种方法，就是就土地本身来加以划分，换句话说，就是从英格兰及威尔斯所有的全部两千五百万英亩土地之中，划出可以提供两百万镑法外地租（Rack-Rent）的一部四百万英亩左右的土地（这约占全部土地的六分之一）；将这四百万英亩——就像过去爱尔兰那四州①被充公时，把它们保留下来那样——作为王领地。不然的话，就采取另一种方法，即征课全部地租的六分之一作为租税。这个比例和爱尔兰的投机家及士兵作为免役税（Quit Rents）缴给国王的金额大约相等。在这两种方法中间，后一种方法显然更好些。因为对国王来说，这一方法更加安稳可靠，而且有更多的承担纳税义务的人。不过，征收这种赋税所花的人力和经费，应力求节省，以免抵消它对第一方法所具有的优点。

4.在一个新的国家，大概适宜于采用这种方法。如在爱尔兰，人们甚至在还没有占有任何土地的情况下，就对这种方法达成协

---

① 这四州是都柏林（Dublin）、基尔德尔（Kildare）、卡罗（Carlow）和科克（Cork）。——赫尔

议。因此，今后凡是在爱尔兰购买土地的人，都不必承担课加于他们身上的免役税，这情况就和土地面积减少了许多，或是购买土地的人都知道这片土地要缴纳什一税，因而不必再承担免役税一样。一个国家如依据原先协议，把地租一部分保留下来，用以支付它的公共经费，而无需作临时或突然的额外征课，那它无疑是幸福的。因为这种临时或突然的额外征课乃是租税负担沉重的真正原因。上面已经说过，在这种情况之下，并不仅是地主要纳税，凡是吃一个鸡蛋或吃他自己土地上所长的一棵葱头的人，以及凡雇佣食用这类鸡蛋和葱头的工匠的人，也都要纳税。

5.但是，假如上述方法是在英格兰提出的话，换句话说，假如从每一个地主的地租中都征收一个完整部分的话，那么，其地租已经固定并在长时期以内不能改变的人就要负担这种沉重的赋税，而其他的人则会因此而得到好处。因为，假定甲与乙各有一块土地，其土质及价值都相等。再假定甲将其土地出租二十一年，每年租金二十镑，但是乙还没有将其土地出租。假如对这两块土地征收占其地租的五分之一的赋税，这时，如果地租不到二十五镑，乙就不肯将土地出租，因为不然的话，他所拿到手的余额就没有二十镑；可是甲却不得不满足于十六镑这一数额。但是，尽管如此，甲的租地人却可以将其依据契约所得到的产品，按乙的租地人出售其产品的价格出售。其结果，就会这样：第一，乙的地租的五分之一归国王所有。国王所得的税收比原来更多。第二，乙地的耕种人所得到的利益，比没有这种田赋时更多。第三，甲的租地人或耕种人所得到的利益，等于国王与乙的租地人两方面所得到的利益。第四，田赋最终是课在地主甲和消费者身上。这么一来，田赋就变成对消费行为征课的不划一的国内消费税,而怨言越少的人,负担越重。最后,有些地主可能得到利益,只是那些地租预先确定的地主却要蒙受损失;而且这种损失是双重的,这就是说,一方面他们的收入不得增加,另一方面他们所食用的粮食价格却上涨了。

6.另一种方法,就是从房屋租金中征课。房租比地租更不确定。因为房屋具有二重性质:一方面它是支出的媒介,另一方面又是收益的手段。比如,伦敦的商店如与所属同一建筑物中漂亮的餐厅比较,前者不论从其容量或建筑费而言都显得不如,可是其价值却大得多。同样,地窖及地下室都比安适的住室价值大。其理由是,后者要花费开支,前者却有利益收入。因此,就性质说,后一种房屋要用评估地租的方法来评估;前一种房屋要用评估国内消费税的方法来评估。

7.这里想附带谈一下:我国为限制房屋的兴建,特别是为限制房屋在新地基上面的兴建,有时对房屋征课不平衡的捐税,[1]借以限制城市的发展;因为人们认为像伦敦这样过大而又过度发展的都市对君主政治是很危险的,虽然在统治权掌握在像威尼斯这些地方的市民手中的情况下,它们可能要比较安全些。

8.然而,我们认为,这种限制新建筑物兴建的办法并不能达到目的。因为,建筑物是随人口的增加而增加的,人口如不增加,建筑物就不会增加。解除上述危险的方法,应求诸人口增加的原因。

---

[1] 1656年法令第24号,斯考贝尔编《法令汇集》(H. Scobell, *A Collection of Acts and Ordinances of Generel Use*),第2卷,第484页。这条法令旨在防止伦敦近郊建筑物增加得过多。参阅肯宁汉《英国工商业的发展》(W. Cunningham, *The Growth of English Industry and Commerce*),第2卷,第174页。——赫尔

如果人口增加的原因能得消除,则其他问题就会迎刃而解了。

那么禁止在新地基上面建筑房屋的实际效果是什么呢？我认为,这就是使城市保持并固定在它的原来位置和原有的地基上面。可是如果鼓励建筑新房屋,那么这个城市就会像所有大城市那样,在不知不觉之中,不必经过很多年,就会离开原有位置和地基而向外发展。

9.原因是,人们都不愿意拆毁旧房屋来建筑新房屋。因为如把旧房屋连其地基作为新房屋的地基的话,则所花代价过于高昂,同时这既有限制,又不方便。因此,人们都在新的和没有限制的地基上面建筑新房屋,而对旧房屋,在它们未到无法再修理的地步以前,都只是马马虎虎地加以修理。这些旧房屋到了无法修理的时候,不是变成流氓的巢穴,便是随着时日的消逝而变成荒地或菜园。像这样的例子,就是在伦敦附近也所在皆是。

假如大城市的位置自来就容易移动的话,那么它将会向什么方向发展呢？在我看来,就伦敦来说,它必然向西发展。原因是,风在一年之中差不多有四分之三的时间从西面吹来,①西区的住宅不大有充满整个东区的烟雾、蒸气以及臭气。这种臭气在烧煤的地方,是非常厉害的。如果因此之故大人物的宅邸都会向西边移动,那么,依靠他们生活的人的住宅,自然也会步其后尘慢慢向

---

① 埃维林(J.Evelyn)曾提议由议会立法规定所所有使用煤炭的工厂都搬到离伦敦五六英里的泰晤士河下游去。其理由是,如距离比这近,不单会有害于陛下王宫所在地,而且在我们的九个月的刮季节风(我们很可以这样称呼令人讨厌的西风)的时候,世界少有的这种最堂皇最美丽的风景会完全为乌烟瘴气所包围。见埃维林《吹烟》(*Fumifugium*),1661年版,第16页。——赫尔

西移动。我们现在在伦敦就看到这种情况。在伦敦,贵人们的旧宅现在都变成交际厅或被改成公寓了,而所有的宅邸都向西方移动。因此,我深信再过五百年,国王的宫殿将移到切尔西(Chelsey)附近,白厅的旧建筑物将按其实际情况改作别用。因为,在原有地基上建筑新皇宫,就庭园及其他宏伟的建筑说来,都过于狭窄,不利于工程的进行。因此,我倒觉得,以后建筑的宫殿与现在房屋拥挤之处的距离,将会像当初威斯特敏斯特旧宫离伦敦城的距离一样,在那时,弓箭手一走到拉德门就把弓张起来,而在泰晤士、舰队街及霍尔本之间的空地,也像现在芬斯伯利广场一样大。

10.我承认这种题外之论对租税问题毫无关系,而且它本身也是没有什么用处的。我们连一日之中要发生的事情都不知道,为什么要为五百年以后的情况担忧呢?而且我们也不会在那个时候到来之前全部移居到美洲去,而让这里像今日许多有名的东方帝国的所在地那样,遭受土耳其人蹂躏,化为一片荒芜。

11.但是我认为确切不移的事情是,只要英格兰有人居住,则人们的最大的居住地区就将在现在的伦敦附近。我们知道,泰晤士河是本岛最便利的河流,而伦敦又处于泰晤士河最便利的地方,所以它的交通方便,有利于都市发展。由此看来,我们应该雇用我们所有的游闲人手来修筑公路,建筑桥梁、堤道,并疏浚河流。这些想法又叫我回头来谈我们刚才离开的课税方法的问题。

12.在联系到赋税来详细论述各种租金之前,我们需要对前述的土地和房屋的租金以及货币(我们把它的租金叫做利息)所具有的神秘的性质加以分析。

13.假定一个人能够用自己的双手在一块土地上面栽培谷物;

即假定他能够作为耕种这块土地所需要的种种工作,如挖掘、犁、耙、除草、收刈、将谷物搬运回家、打脱筛净等;并假定他有播种这块土地所需的种子。我认为,这个人从他的收获之中,扣除了自己的种子,并扣除了自己食用及为换取衣服和其他必需品而给予别人的部分之后,剩下的谷物就是这一年这块土地的当然的正当的地租;像这样七年的平均数,或者说,形成歉收和丰收循环周期的若干年的平均数,就是用谷物表示的这块土地的一般地租。

14.但是,我们进一步需要解决的一个连带的问题可能是,这种谷物或地租值多少英国货币呢?我认为它值多少货币,就看另一个在同一时间内专门从事货币生产与铸造的人,除去自己费用之外还能剩下多少货币。也就是说,假定这一个人前往生产白银的地方,在那里采掘和提炼白银,然后把它运到另一个人栽培谷物的地方铸成货币,并假定这一个人在从事这些工作的同时,也能得到生活所必需的食物和衣服。我认为这个人的白银和另一个人的谷物,价值一定相等。假定前者所有的白银为二十盎司,后者所有的谷物为二十蒲式耳,那么,一蒲式耳谷物的价格就等于一盎司白银。

15.即使从事白银的生产可能比从事谷物的生产需要更多的技术,并有更大的危险,但是结局总是一样的。假定让一百个人在十年中生产谷物,又让同数的人在同一时期中生产白银。我认为白银的纯产量就是谷物全部纯收获量的价格,前者的等同部分,就是后者等同部分的价格,尽管从事白银生产的人既不会全都懂得提炼及铸造的技术,也不会全能免除在矿山中劳动所带来的危险和疾病。黄金和白银的价值之间的正当比率也是依据这种方法来

第四章 论各种征税方法。第一,……即征收田赋　35

规定的。不过在许多情况下,这种比率往往被错误地规定了,它有时过高,有时过低,影响及于全世界。这种错误(顺便说一下)就是我们以前感到黄金过多,现在又感到黄金不足的原因。①

16.我认为这是各种价值相等和权衡比较的基础。但是我承认,就这一点而言,在基础上面的作法和具体实践中,是变化多端、极其错综复杂的。关于这一点,后面再说。

17.全世界都用黄金和白银来衡量各种物品,但主要是用白银。因为不宜有两种尺度,所以在许多物品中,比较适宜于充当尺度的,就必然成为唯一的尺度。这就是说,人们就用一定重量的纯银来衡量各种物品。可是,我从最老练的专门家们所作的各种报告中得知,衡量白银的重量和评定它的成色是有困难的;即使它的成色和重量不变,它的价格也会上涨和下落。在某一个地方可能因离矿山远或因其他偶然原因而比在其他地方贵,在现在也可能比前一个月或前几天贵;而且在不同时期,由于白银的增加和减少,它对用它来评定价值的各种物品的比率也会发生变动。在这种情况下,我们就应该在不贬低黄金和白银的卓越效用的情况下,努力研究某些其他自然标准和尺度。

18.我们用各种名称来称呼黄金和白银,例如在英国,我们就用镑、先令和便士来称呼它们;所有的黄金和白银都可以用这三种名称中任何一种来称呼、来理解。但是,关于这一问题,我要指出

---

① 1661年6月10日禁止黄金出口的法令公布了,但黄金的出口并没有停止。于是国王和枢密院乃采纳专家的意见,将金币的价值提高。1661年12月20日,又宣布禁止车辆镀金,作为进一步的补救办法。鲁丁:《英国及其附属国的铸币史》,第2卷,第4页。——赫尔

的是,所有物品都是由两种自然单位——即土地和劳动——来评定价值,换句话说,我们应该说一艘船或一件上衣值若干面积的土地和若干数量的劳动。理由是,船和上衣都是土地和投在土地上的人类劳动所创造的。因为事实就是这样,所以如果能够在土地与劳动之间发现一种自然的等价关系,我们一定会感到欣慰。如果这样的话,我们就能够和同时用土地和劳动这两种东西一样妥当地甚或更加妥当地单用土地或单用劳动来表现价值;同时,也能够像把便士还原为镑那样容易而正确地将这一单位还原为另一单位。因此,如果我们能够发现世袭租借地(Fee Simple of Land)的自然价值,那即使我们的发现不见得比发现上述使用权(Usus Fructus)的自然价值好多少,我们也会觉得喜慰。这一点我们且试谈如下。

19.在发现地租或每年的使用权的价值之后,我们就要问,一块世袭租借地的自然价值(用我们平常的说法)相当于多少年的年租?如果我们说一个无限的数字,那就等于说一英亩土地的价值等于相同土地一千英亩的价值,这是不合理的。一单位的无限大和一千单位的无限大是一样的。所以,我们必须确定一下某种有限的数字。在我看来,这种有限的数字,就是指有限的年数。我认为这种年数就是一个五十岁的人、一个二十八岁的人和一个七岁的人可以同时生存的年数,也就是祖、父、孙三代可以同时生存的年数。① 很少有人会挂虑再下一代的子孙。因为一个人做了曾祖

---

① 参阅维塞尔:《自然价值》(F.Wieser, *Natural Value*),第159—160页。——赫尔

父,他就已接近死期,因此一般说来,在直系亲属中能够同时生存的,只有上述三代人。虽然有的人四十岁就做了祖父,但也有些人要到六十岁以上才会当祖父。这种说法,也适用于其余的人。

20.所以,我认为任何一块土地自然所值的年租年数,等于这三代人通常可以同时生存的年数。我们估计英格兰这三代人可以同时生存的期间为二十一年,因此土地的价值也大约等于二十一年的年租。假如他们自己认为这一种计算有错误(死亡统计表观察者认为他们是这样[①]),那么他们就会改变为另一种计算,除非由于考虑到错误是普遍性的,同时又关联到许多互相依赖的事体,因而不容许他们作这种改变。

21.我认为,在所有权有保障,并能确实可靠地享有年租的地方,土地的价值就等于二十一年的年租。但在其他一些国家,由于所有权更有保障,人口更多,而且对土地价值以及这三代人同时生存的期间都有更正确的了解,土地的价值大约等于三十年的年租。

22.有些地方的土地,则因附属在它上面的某些特别荣誉、快乐、特权以及法律上的权利,所值的年租年数要更多一些。

23.另一方面,有些地方(例如在爱尔兰),土地由于下述各种原因,所值的年租年数却要少一些。我在这里所说的这些原因,在任何其他地方也都是造成地价低廉的原因。

第一,在爱尔兰不断发生叛乱(在这种叛乱中,你如被打败,则一切都完了;如你战胜,也难免遭受盗贼的骚扰),而且先来的英国

[①] 格兰特并没有直接讨论这一点。参阅格兰特:《对死亡表的考察》,第11章。——赫尔

官员对后来的英国官员心怀嫉妒,不肯支持。英国派遣官吏前往爱尔兰,自开始迄今,为时不过四十年。但是,自从英格兰人第一次到来时就有的严重骚动,从来就没有间断过。

24.(2) 人们对于别人的财产不断提出各种各样的勒索要求;同时一方面由于这四十年来许多在那里当权的总督和官吏们常常意存偏袒,另一方面由于人们常常伪造证词并滥用庄严的宣誓,因而这些勒索行为能够很容易地找到各种借口。

25.(3) 居民稀少。那里的居民没有超过该地区所能供养的人数的五分之一。在这些居民中,只有小部分从事劳动。而且像其他国家中那样勤劳的人,则为数更少。

26.(4) 爱尔兰的财产(不动产和动产)大部归在外所有主所有,这些在外所有主把从爱尔兰榨取的收益汇出去,却不还回一文。因此,虽然爱尔兰出口多过进口,但贫困现象却愈来愈严重。

27.(5) 法律难于执行。许多掌握实权的人往往利用职权来袒护自己,并且袒护别人。除此之外,犯罪和欠债的人为数很多,这些掌握实权的人不论在审判方面,或在执行职务方面,都尽可能照顾和其同类的人。此外,这里的财政状况又不能给深谋善断的审判官和律师以应有的鼓励,这就使审判工作变得非常没有标准,因为无知的人比那些懂得轻率及独断行为所造成的危险的人,是更容易犯行动轻率和独断独行这些毛病的。但是所有这些情况,如及时加以注意是可以改善的,这样,在数年之内使爱尔兰提高到和其他各国等同水平,同样值得敬重,并不是不可能的。因为下面我们要讨论利息,对这个问题,拟在别处作更详细的讨论。

第五章　论利息

对于出借的但只要提出要求就能随时取回的任何物品,贷者要收取利息,借者要付出利息,这是什么道理呢?我不明白。货币或者用货币规定其价值的其他必需品出借之后,如借者只能在他所选择的时期和地点偿还,因而贷者不能随意按其所要求的地点和时期取回,在这个时候,贷者就可以毫无顾虑地索取利息,又是什么道理呢?我也不明白。但是,假如一个人在不论自己如何需要,在到期之前都不得要求偿还的条件下,出借自己的货币,则他对自己所受到的不方便可以索取补偿,这是不成问题的。这种补偿,我们通常叫做利息。

2.有时一个人对另一个居住异地的人提供货币,并约定在一定日期在该地交付,如果违约则要罚巨款。对这种汇款的报酬,我们叫作汇费,或因地区不同而产生的利息。①

例如,在最近内乱的烽火中,通往卡莱尔(Carlisle)的道路,满布士兵和盗贼,水路非常长,既困难又危险,而且时时不能通行。在这种情况下,在卡莱尔需要货币的人,为了保证于一定日期把一百镑货币由伦敦汇到卡莱尔,他有什么理由不让别人收取汇费呢?

3.可是,这里就发生了这样的问题:利息和汇费的自然标准是

---

① 这种利息和汇费的对比,是不能成立的。在利息的情况下,收回货币的人得到报酬;在汇费的情况下,汇出货币的人得到报酬。参阅《货币略论》,问题第29至32。——赫尔

什么？说到利息,在安全没有问题的情况下,它至少要等于用借到的货币所能买到的土地所产生的地租;但是,在安全不可靠的情况下,除单纯的自然利息之外,还必须加上一种保险费。这种情况,会很合理地把利息提高到低于本金的某种高度。如果英国现在确实没有上述的安全保证,所有贷款或多或少都有危险,手续麻烦,费用也多,那么,我认为不论在什么地方,什么时候,要违背俗世的习惯,努力于限制利息,都是没有理由的,除非制定这种法律的是借者而不是贷者。但是,制定违反自然法则的成文民法是徒劳无益的,关于这一点,我已在别的地方说过,[①]而且就各方面举出了例证。

4.关于汇费的自然标准,我认为,在和平时期,汇费最高不能超过为运送现金所花的劳动。但是,假如某地有危险,或这一地方比另一地方需要货币更为迫切,或是关于这些情况的说法真假难辨,那么,汇费就要受到这些因素的影响。

5.和这种情况相同的,就是我们所略而未谈的关于土地价格的一些问题,因为,正如货币需要大汇费即高一样,谷物需要大,其价格即上涨,因而生产谷物的土地的地租,以至最后土地本身的价格也都上涨。例如,假如维持伦敦或一支军队所需的谷物,必须从远离四十英里的地方运来,那么,在伦敦或离这支军队驻扎地一英里以内的地方栽培的谷物,除其自然价格之外,尚应加算将谷物运输三十九英里所需的费用。对鲜鱼、水果等容易腐烂的物品,尚应

---

① 据配第子嗣、《配第文稿》编者兰斯道温(Lansdowne)推测,这里所说的别的地方,是指收集于其所编的《配第文稿》第一卷中《论利息》及《利息》二文。——译者

另加算保证避免发生腐烂危险的保险费。最后,对在当地(例如在菜馆)食用这些食品的人说来,他所支付的价格,除了上述费用之外尚应加算各种附带费用,如房租、家具的耗损费、侍者的报酬、厨师技艺和劳动的报酬等。

6.因此,结果就是,靠近人口稠密的地方(即为了维持其居民生活而需要很多土地的地方)的土地,由于上述理由,比距离远而土质相同的土地,不仅能产生更多的地租,而且所值的年租总数也更多一些。因为在那种地方占有土地能够享到特别的快乐与荣誉。理由是 Omne tulit punctum qui miscuit utile dulci①(把效用和快乐化为一体,是人所共赏的)。

7.在讨论了地租、土地价值和货币的标准之后,我们现在回头来谈征收公共经费的第二种方法,即征收一部分地租的方法(一般把它叫做征税)。其次谈一谈计算这种地租的方法。这种计算方法不是以少数人在无知、轻率、不了解情况,或是在情感冲动或酒醉的情况下互相进行的买卖为根据的。但是我承认,如果就三年期间(或是在土地方面所发生的一切偶然事故周转一次的周期中)所做的一切买卖求出平均或共同的答数那就可以达到这种目的,因为这个数额是依据各种临时估计综合计算出的。现在我要详细列举各种原因,以便对这个数额作一分析计算。

8.(1) 因此,我建议按教区、征税区等行政界线和由海、河、岩石或山岭等构成的自然特征两方面,测量所有土地的形状、面积及位置。

---

① 见霍莱士:《论诗的艺术》(Horace, *De arte Poetica*),第343页。——赫尔

9.(2) 我建议依据一块土地平常所生产的产品来评定各单位土地的性质。因为,有的土地就比别的土地更适宜于生长某种木材、谷物、豆类或根类作物。同时也应依据这块土地上所播种的作物的每年产量,以及这些作物互相比较(而不是和货币这个共同标准比较)所显出的相对优越性来评定土地的性质。例如,假定有一块十英亩的土地,我认为我们应首先明确它是适宜于栽培牧草,还是适宜于栽培谷物。如果适宜于栽培牧草,那么应该明确这十英亩土地和另一块十英亩的土地比较,所生长的牧草是多还是少,以及它所生长的一定重量的牧草所饲养的家畜是多于还是少于另一块土地所生长的等量牧草所饲养的家畜。不过,不要把这些牧草和货币比较。因为,如果和货币比较,则这些牧草的价值就会因货币的多寡而增减(自从西印度群岛被发现以来,货币数量的变动是很大的),同时也会因居住在这块土地附近的居民人数多少以及他们生活奢侈和俭朴的情况而增减。不仅如此,它也会因这些居民的社会、自然及宗教见解的不同而增减。例如,在一些天主教国家里,在四旬节的前期,鸡蛋几乎没有价值(因为在四旬节之前,鸡蛋的质量和味道是很差的);在犹太人看来,猪肉一文不值;在不敢吃食刺猬、青蛙、蜗牛、菌类等物的人们看来,这些东西有毒,或者不利于身体健康,所以也都一文不值。又如列万特出产的葡萄干以及西班牙出产的葡萄酒,由于敕令[①]宣布它们使本国财富蒙受巨大损失要加以禁止,所以也就都没有价值。

10.我把前者叫做对土地的固有价值的研究,而后者则是对土

---

① 见查理二世第12年律令第18号第8项。——赫尔

第五章 论利息

地的附带的或附属的价值的研究。现在来讨论后者。我们说过，货币数量的变化会使我们按某些名称或符号（镑、先令及便士就是这些名称或符号）来计算的各种商品的价格发生变动。例如：

假如一个人在能够生产一蒲式耳谷物的时间内，将一盎司从秘鲁的银矿采出来的白银运到伦敦来，那么，后者便是前者的自然价格。如果发现了新的更丰富的银矿，因而获得二盎司白银和以前获得一盎司白银同样容易，那么，在其他条件相等的情况下，现在谷物一蒲式耳售价十先令，和以前一蒲式耳售价五先令，同样低廉。

11. 因此，我们似乎需要有计算我国货币的方法（我认为我有这种方法，而且这种方法在短期之内就能办到，不需要什么费用，也无需调查任何人的钱包；关于这一点，容在下面讨论）。假定我们知道英国在二百年以前有多少黄金和白银，同时也能够知道现在有多少黄金和白银。不仅如此，我们还知道当时的货币单位和现在不同，当时铸造三十七先令所需的白银，现在可铸六十二先令。[1] 此外我们还知道含金量、铸造时所花的劳动、重量及成色的公差以及国王所征收的铸币费当时和现在的不同；也知道当时和现在的劳动者工资的差异。但是，即使掌握了这些情况，如单用货币来计算，也无法说明当时和现在我国财富的差异。

---

[1] 亨利六世第49年（1460年），旧标准白银一磅（即纯银十一盎司二打兰和合金十二打兰）铸造三十七先令六便士。但以前则铸造三十先令。根据国王和佛利曼爵士（Sir Ralph Freeman）所订的契约（查理二世第12年，即1661年），同量的生银以后铸造三镑二先令。参阅朗德斯《关于改变银币尝试的报告》（William Lowndes, *Report Containing an Essay for the Amendment of the Silver Coins*）第39、40、54、55页。——赫尔

12. 所以，除了前述各种事项之外，我们还必须知道人口数目的差异，才能作出如下的结论：不论过去和现在，如果将一国的所有货币平均分配于所有人民，而每个受赠人如果用这些货币雇用大量的劳动者，则他就会变得更加富裕。因此，我们需要了解我国现在和过去人口及金银块的情况。我认为，我们过去有多少人口和金银块，是不难知道的，而现在和将来有多少人口和金银块，是更容易知道的。

13. 再进一步说。假如我们具有上述的知识，那我们就能够确定伦敦附近的土地的附带价值。就是说，我们首先大致计算一下伦敦附近各郡，即埃塞克斯、肯特、萨利、密德塞斯、赫特福德每年所出产的食物及衣服的原料有多少，再计算一下住在上述五郡及伦敦市内的这些物品的消费者的人数。假如我们发现住在上述各地区的消费者多于住在面积相同的其他地区的消费者，或者更确切地说，多于住在出产同量粮食的面积相同的其他地区的消费者，那么，我认为，这五郡的粮食一定比其他地方贵；而在这五郡之内，粮价也会因它们距离伦敦有远有近（或更确切地说，因费用有高有低）而有贵贱的不同。

14. 因为，如果上述五郡确已尽一切努力生产出所能够生产的商品，而商品供应仍嫌不足，那就必须从远处运来所需的商品，以供应市场需要，这样一来，距离较近的各郡物价一定会相应地上涨。或者是，如果上述各郡花费比现在所花的更多的劳动来改良土地，使土地丰产（例如，以犁代锄、以定植代散种，拣选优良种子以代不分好坏杂乱选种，用时事先加以浸渍以代不作任何加工拿来就用，用盐施肥以代用烂草施肥，等等），那么地租就会因收成的

第五章 论利息

增加超过所用劳动的增加,而成比例地上涨。

15.现在劳动的价格必须是确定的。(我们知道,这是法律规定的,法律对各种劳动者的计日工资都定有限制。)如果不遵守这种法律,[①]或是不使法律适应时势变迁而变化,那是非常危险的。这将有害于为改善本国产业情况的所有努力。

16.此外,判断是否应该采用上述改良方法的标准,就是要看在自然生长这些食物的地方,或是在不必多花力气耕种就能生长这些食物的地方,采集这些食物所需的劳动,是否少于实施这些改良方法所需的劳动。

17.对于上述种种论点,可能有人反对说,这些计算即使不是不可能,但也是非常困难的。对这种论调,我只作这样的答复:这些计算确是困难的,特别是在人们既不动手,也不动脑去进行计算,或是又不许别人作这样计算的情况下,尤其如是。然而尽管如此,我却认为,如果不进行这种计算,则产业将成为一种靠不住的事业,任何人都不能对它运用思考了。考虑如何使本国产业发展,和为了掷骰子取胜,而花很多时间来考虑如何拿骰子,如何摇动它们,要用多大力气把它们投下去,并从哪一个角度投到桌面上一样,都同样需要智慧。但是,现在我国一些人从邻人手中(不是从土地上或者海洋中)赚到一些东西,都是由于偶然,而不是由于智慧,是由于别人估计错误,而不是由于自己判断正确。在这种情况下,信用在一切地方——不过伦敦特别严重——也都变成完全空幻的东西;对人们所有的财富或实际资产毫无所知,那就不能了解

---

① 肯宁汉:《英国工商业的发展》,第 2 卷,第 199—200 页。——赫尔

人们是不是可靠。可是,我认为,信用的性质是只有依靠判断人们的能力(靠其技能和勤勉来赚钱的能力)才能加以确定的。因此,这又要求,了解人们的资产的方法必须可靠,使人们尽其能力清偿他们的债务的方法,也应该依靠法律的严格执行来加以保证。

18.这里我本应详细阐述一种似非而是之论,来证明这样一种论点,就是说,尽管比较穷困的有进取心的人一般都比别人更加勤勉,但如果每一个人都能随时将其资产状况写在他的前额上,那么我国的产业就会因而大大发展。不过这个问题我想在别的地方再讨论,这里不谈。

19.另一种反对对地租及土地价值作如此精确计算的说法就是,这会使元首过于精确地了解每个人的资产情况。对这种论调,我的答复是:如果国家经费能尽可能削减(这主要取决于议会中人的努力),如果人民愿意并且准备缴纳这些经费,如果采取措施,使人民在没有现金的时候,也可以用他们的土地和商品的债权来缴纳税款,最后,如果身为君主的人知道征收的税额如超过自己的需要,对他也非常不利(这点前面已经证明过了),那么,这种极精确的了解又有什么坏处呢?而且就每个纳税者所负担的比例来说,谁还会希望乘混乱的机会,营私作伪,来减轻自己的负担呢?难道他们不怕这一次得到好处,下一次却要吃到苦头吗?

第六章　论关税和自由港

关税是对输入或输出君主领土的货物所课的一种捐税。在这

第六章 论关税和自由港

些国家中,关税税率为二十分之一,它不是按商人之间所通行的各种商品的市场价格征收的,而是按国家——和有关方面作了协商之后——所规定的另一种固定价格征课的。

2.人们为什么既要对君主缴纳进口税,又要缴纳出口税,其自然根据是什么,我无法推测。但就君主允许其他国家所需要的某些货物出口这一点而言,他收取一些报酬,似乎还有些道理。

3.因此,我认为,关税最初是为了保护进出口的货物免遭海盗劫掠而送给君主的报酬。如果在货物遭到海盗劫掠时,君主对这种损失负有赔偿责任的话,我相信这种看法是完全正确的。我觉得这种每百镑征收五镑的税率,是由于商人计算到在达成这种协议之前他们遭遇海盗劫夺往往损失更大,才确定下来的。所以,归根到底,关税原是一种保险费,它是为了防备遇敌蒙受损失而投保的,正像现在流行的对于海险、风险、气候引起的危险、船险以及其他一切危险所投的保险一样;也像在某些国家人们用房屋年租一小部分为房屋投保的火险一样。但是,不论关税是什么,它是在很久以前就由法律加以明文规定的,在它被取消之前,人们没有理由不缴纳它。但是我希望能在这里作为一个无用的好探求事理的人,就关税的性质和标准作一番讨论。

4.对出口货物征收关税的标准,应该是这样,即这种关税应使外国人所需要的我国商品的售价,在计算出口商的合理利润之后,要比他们从别的地方购买同类商品更便宜一些。

例如,锡是支配国外市场的本国商品,这就是说,它的生产和输出之方便与容易是没有其他东西能与比拟的。

假设在康沃尔(Cornwall)生产一磅锡只需要花费四便士,而这种锡在法国最靠近英国的地方每磅能卖十二便士。我认为我们应该把这种特别利润,看成是国王所有的一种财源,或是一种拾到的财宝(Tresor Trouvé),国王应该分享它的一部分。他可以通过对锡征课出口税拿到这一部分,但这种关税,一方面既要保证劳动者能得到生活资料,同样地土地所有者能得到优厚利润,另一方面还要使这种锡在外国的售价比任何其他地方输出的锡来得便宜。

5.对在国内消费的锡也可以作同样的课税,除非情况不允许作这样征税。例如法国国王就不能在盐的产地征收盐税(Gabel)。

6.不过我也要指出,如果走私和行贿所花的费用以及被捕的危险,总合起来不超过这种税额的话,那么,这样高的捐税就会使人们不向海关呈报这种货物,或是不肯为它缴纳税款。

7.因此,征收这种性质的税课的标准是,除非地方当局确能贯彻执行法律,否则应使守法的人比违法的人负担更轻,更有保障,并更加能够得到利益。在某些情况下,地方当局是容易贯彻执行法律的;例如,在附近没有小河而且每次潮水上涨时间只有两小时的小港口装运马匹出口,要逃避捐税是很困难的,因为马这种动物不能伪装,不能装入布袋或铁桶之中,同时装运时一定要有声响,并需依靠许多人手。在这种情况之下,人们就会守法交税。

8.对进口货物征收关税的标准是:

(1)对于已经加工完成马上可以消费的一切商品课税时,税率不妨高到使其售价稍稍高于国内生产或制造的同类商品——假如其他条件相同而能够自行供应的话。

(2)对容易引起奢侈行为或犯罪行为的非必需品所课的税额,可以高到足以限制人们使用这些东西,这样做可以起禁奢法的作用。不过,也应注意不要使人们觉得走私比纳税更为合算。

9.与此相反,对所有尚未完成,尚须进一步加工的商品,如生皮、羊毛、海狸皮、生丝、棉花、工业所用的工具及原料以及染料等,课税应该从轻。

10.如果这类关税的征收能够加以严密执行的话,君主也许会出人意料地一种跟着一种地任意加以征收。但是,因为这类关税不能征收得很严密,所以只要情况允许人民安全地逃避关税,人民就不纳关税,只要情况允许人民逃避法律,人民就不遵守这些法律。

11.这类关税的不方便之处,有如下数点:

(1)这类关税是对未完成尚不能使用的东西,即尚在制造中的及尚在进一步加工中的商品征课的,其不经济,不下于用幼嫩的树木(而不是用腐朽的或脱掉枝叶的树木)做燃料。

(2)征收这类关税,需要很多官吏,特别是在港湾多、潮水便于随时装运货物的地方,尤其如此。

(3)人们很容易通过行贿、互相勾结、藏匿商品及伪装商品等作法,来进行走私。对这些不法行为,发誓或课处罚款的办法是无济于事的;而且即使在被发现之后,人们也有种种方法可以少受或且不受上述处罚。

(4)对英国自产而用来和外国货交换的少数商品所征课的关税,只能弥补本国人民全部开支——这种开支每年大概不下五千万镑,其中包括王国的公共经费在内——的极其微小的一部分。因此,除此之外,尚需施行某些其他税制。可是,要施行某种其他税制——即使是最好的税制——则整个关税事业就可以完全取消了。所以,关税这一税制不方便之处之一,就在于除关税之外还需要有别种税制。

12.作为补救这个缺点的办法,我提出这样一种浅薄的方案,就是对所有出入口的船只征收吨税,以代替对进出口货物征收的关税。这种吨税,是对每个人都看得见的东西征课的,只须极少数的人手就能征收。而且这种税收只是运费的一部分,这一部分是从全部消费额中扣除的,足够支付一切公共开支。这一部分约等于百分之四左右,即从五千万镑中每年抽收二百万镑。

13.另一种方案,就是变关税为一种保险费。这种保险费可以增加和调整,以便国王能用它来保证货物不致因遭遇海险和受到敌人侵犯而蒙受损失。如果实施这种税制,那么,全国人民都会关心所有这些损失,同时商人为了自己的利益,也会更加乐意申报自己所要投保的商品,并且乐于缴纳费用。

14.但是,可能有人反对说,即使废除了关税,然而为了防止违禁品的进口和出口,总是需要有和现在一样多的官吏。因此,我想举出下面两三个重要例子,以说明这种禁令的性质。

15.要禁止货币出口,那几乎是无法实行的。这种措施可以说是徒劳无益。在这种措施之下,偷运所具有的危险,不是变成为了免遭逮捕而缴交的保险费,就是变成对检查人员行贿而付出的所谓和解费的额外费用。例如,假如在五十次偷运行为中有一次被捕,或是对偷运出口的货币每五十镑,通常要付出默许费二十先令,那么,用这笔货币买进的商品,在卖给消费者时,售价至少要贵百分之二。可是,如果贸易不能负担这种额外费用,那么,人们就不会任意将货币偷运出口。假如这种禁令行之有效,它倒可以成为一种限制奢侈的法令,使一般国民的消费开支不至超过他们的收入。因为,如果我们禁止货币出口,并且除货币之外,又不能输出本国农产品或工业品,那么,事实上就等于禁止所有外国货进口。再假如我们平常出口的数量都足以抵偿所购买的一切外国商品,但是现在由于我国土地及劳动的情况变得异常衰退,我们所能出口的商品只能偿付通常进口额的一半,那么,禁止货币出口也确能起到限制奢侈法令的作用,使我们进口的外国货不至超过原先消费额的一半。所不同的,只是在这种情况之下,进口或不进口哪一类商品,任由商人作出抉择,而在施行限制奢侈法令的情况之下,这种事情,则由国家考虑而已。例如,假定我国出口比进口少四万镑,并假定我们必须削减(比方说)价值四万镑的咖啡豆或相同价值的西班牙葡萄酒的进口。在这种情况下,货币出口的禁令将使商人可以随意抉择少进口哪一种商品,或少进口这一种商品和另一种商品的一部分。而限制奢侈法令则要国家根据下面一些情况作出决定:我们是应该对将咖啡运进我国的国家给予鼓励和优惠,还是应该对将葡萄酒运进我国的国家给予鼓励和优惠;用在咖啡上面的开支和用在葡萄酒上面的开支,哪一种对我国人民为害最大,等等。

16.据说从货币自由出口所得到的利益,只有下述一点。就是,假如从英国运出价值四万镑的布匹的一只船,同时也运出四万镑的货币,那么,商人就更能坚持自己的条件,从而可以贱买贵卖,获得利益。但是,我愿顺便指出,商人是靠牺牲他所运用的货币的利息和 ① 才得到这种力量的。如果利息每百镑为五镑的话,

---

① 原书为空白,1679年版添上"利益"二字,或者可以添上"汇费"二字。——赫尔

则他与其利用上述的货币来加强自己的力量,倒不如将自己的货物每百镑少卖四镑,来得合算。关于这一点,尚有值得讨论的地方,但我们先来讨论羊毛这一重要问题。

17. 由于荷兰人的操作技术比较好,劳动得比较辛勤,生活比较节俭,同时所收运费、税款及保险费也比较少,我国的毛织业终于吃了败仗。因此,我们英国人非常愤怒,很想采取禁止羊毛及白土(earth)出口之类的十分激烈手段,以为报复。① 但是,采取这种措施,会使我们受到的损失加强于我们在上述贸易方面所受的损失。所以,为了恢复我们的理智和重新开展贸易起见,在我们能够对这个问题决定采取哪些措施之前,必须先研究下面几个问题。

(1) 我们经常要向外国购买谷物,可是国内又有许多游闲人手,同时我们甚至连少数劳动者所生产的毛织品都卖不出,人们对此颇有意见。在这种情况之下,我们减缩牧羊业,使更多的人口从事农耕,岂不更好吗?因为,这样一来,第一,肉将涨价,这对鱼的生产将起鼓励作用,而这种鼓励将是前所未有的。第二,我国货币将不至那么迅速地流出国外去购买谷物。第三,我们手中的羊毛不至像今日这样过剩。第四,我国的游闲人手可以从事农耕和渔业生产。但是,如果这些人口从事牧羊的话,则一个男人,靠着他

---

① 1660年8月15日,下院希望国王发出布告,禁止羊毛、带毛的羊皮、棉纱及漂布用的白土出口,并提出为这个目的而草拟的法案。这一法案被通过,而成为查理二世第12年第32号法令。在下一次会议上又提出了类似的但更激烈的法案,那是在1662年3月4日。这一法案于次年5月才正式成为法律,即查理二世第14年第18号法令。在配第写此文时,这个法案或许正在审议之中(见《下院议事录》,第8卷,第120、236、378、414、432页)。——赫尔

第六章 论关税和自由港

自己和牧犬的力量,就能照管数千英亩的土地,这样一来,将更加造成羊毛过剩。

(2)假如我们不缺乏谷物,也没有游闲人手,而且手中所有的羊毛多到自己消费不了。在这种情况之下,羊毛无疑宜于输出,因为,这种情况意味着熟练的职工早已用到一种比较有利的产业上面了。

(3)假如荷兰人胜过我们,是由于他们的技术较高,那么,将他们较优秀的劳动者吸引过来,或是将我国的聪明人士送往那里去留学,岂不是很好吗?如果能够办到,那么,采取这种措施显然要比无尽无休地讨论那些违反自然、想要阻遏风浪的办法更加合乎情理。

(4)如果我们要使本地的食物比荷兰更加便宜,那就应该取消沉重的、无意义的、过时的课税和官职。我认为这种做法,也比那种想促使水流高过于它的自然源头的办法来得高明。

(5)总的说来,我们应该很好地考虑一下这种情况,就是高明的医生并不乱给病人用药;相反,他们都密切注意并遵循自然的运动,而不用他们自己的猛烈药方来反抗自然的运动。同样,在政治问题及经济问题上,也必须用同样的方法。因为,Naturam expellas furca licet usque recurrit①。(人虽能一时强胜自然,但自然仍将恢复其威力。)

18.但是,如果荷兰人在毛织业方面比我们好不了多少,也就是说他们只比我们稍胜一筹,我认为我们只要禁止羊毛出口就足

---

① 见霍莱士:《书札》(Horace, *Epistle*),第1卷,第10章,第24节。——赫尔

以改变这种形势。但是,我自己既不是商人,又不是政治家,情况是否是这样,只好让别人去判断。

19.关于禁止进口问题,我认为,只要进口没有显著超过出口,就没有禁止进口的必要。因为,尽管我们不同意拿质量优美而为生活所必需的毛织品去换进使人堕落的酒类,可是,假如我们没有别的办法销售本国的毛织品,那么,拿毛织品去换进酒类或更坏的物品,要比停止生产毛织品好一些。的确,一时将一千人的劳动产品用火烧掉,也要比让这一千人由于失业而失去劳动能力好一些。简单地说,对这一点如果要进一步加以讨论,那就要成为一种关于制定限制奢侈法令的理论与性质的讨论,以及关于如何结合当时和当地情况英明地应用这些法令的讨论了。

20.自由港问题也是关税问题的一部分。设自由港(对经营贸易只顾本国利益的国家,即运出本国过剩商品而只输入本国所必需的商品的国家说来)不单毫无用处,而且有害。因为假定人们将酒运进一个自由港,储藏在那里并偷偷将其卖掉,然后用污水将酒桶装满再将酒桶装载上船,一俟船只驶进海面,就把酒桶开孔,使水流干。在这种情况之下,酒税就被逃避过去了;除此以外,还会有很多方法。①

21.也许有人会这样说,我们经营贸易固然只应为本国利益着想,但我们的港口由于比别国的港口更为便利,会有更多的船只出入,因此,如将这些港口开辟为自由港,即使不对货物征收任何关

---

① 配第所要反驳的论点,见于《自由港,它们的性质与必要性》(*Free Ports, the Nature and Necessitie of them Stated*),著者署名 B.W.,伦敦 1652 年版。——赫尔

税,我们也会因海员及旅客的开支、劳动者的工资、仓库的租费等而增加收入。但是,我却认为,对将我国港口作上述使用的船只课以这种小额关税也是合理的;完全不要期望从上述仓库的租金和搬工及车夫的工资中得到收益;因为这些收益,是本来可以从其固有的动因中得到的。

22.但是,如果我们能够充当其他各国的贸易商,那么,(如前所述①)就没有理由对在制造中的商品和在进一步加工中的商品征收关税。至于像上述酒类那样的逃税行为,我确信通过征收国内消费税的办法,是能够加以克服和避免的。

第七章　论人头税

人头税是一种课于人身的税制,它或是绝对而无所轩轾地课于每一个人,或是按某些人所共知的称号或功勋标志而课于每一个人。这些称号,有的是一种纯粹的荣誉,有的是谋求来的或由上级委派的官职,有的是一种特权,或是一种身份。按称号而征收的人头税是不考虑由上述的称号、官职或特权而产生的富裕或贫困、收入或支出、得益或损失的。

2.近来征收人头税的方法甚为纷乱。例如:对某些单身富人按最低税率收税,而对某些连生活必需品都感缺乏的勋爵士(Knights),却征税二十镑。这种情况是由下列一些原因所造成

---

① 见本章第 11 节。——赫尔

的：就是，政府想鼓励一些好虚荣的人（这些人希望在收据上写上绅士〔Esquires〕称号）以绅士身份纳税；想让某些人以医学博士或法学博士身份缴纳十镑，可是这些人从这些资格上得不到丝毫收入，也不想从事这类业务；想让一些贫穷的商人强充伦敦同业公会会员，缴交其无力负担的税款。最后，它还想让一些人按他们的资产纳税，而他们的资产是由对该项资产毫无所知的人估价的，这就使某些破产的人有机会骗人，使世人相信他们拥有很多财产，这些财产是通过勾结估税官而由估税官故意加以评定的。①

3. 由于这种混乱以及专断独行、漫无规章和职权混淆不清等情况，无法估计这种药膏是否适用于这种伤口；同时对有关税款的收纳是否计算正确，也无法加以检查或审核。

4. 因此，我将完全不谈这种复杂的征税方法，而来更明确地谈一谈人头税。首先谈一谈一律课于每一个居民身上的单纯的人头税。这种税课在接受施舍的人身上的，由教区缴纳；课在未成年儿童身上的，由其双亲缴纳；课在徒弟及其他没有工资收入的人身上的，就由师傅或行东缴纳。

5. 这种税的缺点，就是非常不公平。能力不同的人，都一样纳税，而负担子女费用最多的人缴纳得最多。换一句话说，越穷的

---

① 配第这里所指责的复杂人头税是遵照1660年9月查理二世第12年第9号法令征收的。它规定应在十二日以内缴交，要筹集四十万镑以充军队遣散费之用。不过，到11月24日为止，实际缴交的数额不过二十五万二千一百六十七镑一先令四便士（见《众议院议事录》，第8卷，第196页）。为了补救这项不足，同年又提出了两个补充法案，但因议会于该年12月29日解散，这两个法案没有通过。讨论这种法案的议会程序，是非常麻烦的。参阅《众议院议事录》，第8卷，第38—234页各处。关于逃税的例子，参阅配皮斯：《日记》(Samuel Pepys, *Diary*)，1660年12月10日，第1卷，第283页。——赫尔

第七章 论人头税

人,课税越重。

6.它的好处有如下几点。第一,征收敏捷,而且花费较少。第二,人口数字总是人所共知的,所以能够准确计算出所要征收的数额。第三,它会刺激所有的人让他们的子女按其特长从事某种有益的职业,以便子女们用自己的收入来缴交自己的人头税。

7.第二种人头税是课于每一个仅有空头的荣誉称号可没有任何官职和特权的人。这些称号为公爵、侯爵、伯爵、子爵、男爵、从男爵、勋爵士(Knights)和绅士(Esquires,即世袭爵士的长子),以及世家子弟(如果他们自己这样称呼的话)之类。这种税法比前一种税法要公平得多。因为有这些称号的人,大部分都是相应地很富裕的。即使他们不很富裕,尽管他们不想或不能自己花钱来购买高人一等的地位,像他们这样的显贵人物也会高人一等并享有地位。我的意思是说,有这种称号的人,因为享有称号,即使他们的人头税比一般平民高,也是合算的。

8.不仅如此,由于对人口数目有确实和多方面的计算,这种税制的征收既容易、迅速而又不需要很多经费。同时,由于这种税制能够预先加以估计,所以可以按照君主的需要来加以调节和收取。

9.至于各种官职,它们大部分的确都是很高贵的。但是执行这些职务是要烦劳心神的,而这些高贵的地位,就是以这种烦劳为代价的。例如充任参议员(比如伦敦市参议员),的确是一种荣誉,然而,许多人却愿意支付五百镑以求能够不担任这种职位,就是因为这个缘故。

虽然如此,对人们谋求来的官职或已经接受的官职(尽管人们可能辞掉它)课税,并不是不适当的。另一方面,假如某个有称号的人士(Titulado)①愿意放弃其称号并且永远不再恢复它,那么就不应该强制这个人士按其称号缴纳人头税。

10.特权和身份的称号,不应该成为缴付人头税的条件,因为它们不一定也不大可能意味着在缴付的能力,而且它们本身还带有各种各样的不平等。但是,如果某些人由于有了开业许可证而挣到很多钱的话,那可以想象得到,他们也会相应地多花钱。在这种情况之下,张开国内消费税这个网就一定能够将他们捕捉到手。这种办法对前述官职也是适用的。

11.炉税似乎是一种人头税,但实际上并不如此;确切地说它是一种累积的国内消费税,关于这个问题,后面再讨论。

第八章　论彩票

得到各种称号的人,可能预见到他们会像上面所说那样因其称号而负担捐税(虽然由于议会的一个院完全由有称号的人士——Tituladoes组成,另一个院的大多数成员也是这类人,这种税制,可能不会在议会中通过)。因此,他们好像一开头就同意这

---

① 在1659年爱尔兰户口调查中,"除了单纯的人数之外,还把小教区和街道的主要或著名的住户列在英文西班牙文混合名称 Titulado (有称号的人士)之下"。参阅哈定:《爱尔兰人口调查最早发现的手稿》(Hardinge, *Earliest Known MS.Census Returns of the People of Ireland*),并参阅吉尔伯:《都柏林古代记事年表》(Gilbert, *Calendar of the Ancient Records of Dublin*),第4卷,第 xiii 页。——赫尔

种加课在他们个人身上的捐税。

2.在发行彩票这种措施之下,虽然个别人有希望发财,但是,总的说来,却是买彩票的人自己向自己课税。因此,彩票实际是对那些不幸而自我陶醉的呆子们所课的一种捐税。换句话说,它是课加在对自己的运气有充分信心的人,或迷信一些算命者和卜卦者的人身上的一种捐税(这些算命和卜卦的人给他们占卜中彩的时间和地点,保证他们一定会得到成功,并指出他们可能在预卜命运之处的西南方中彩)。

3.现在世界中这种呆子很多,由于这个缘故,如果认为凡是想欺骗人的人,都可以欺骗容易受人欺骗的人,那是不适当的。相反的,应该像对待精神病患者和白痴那样,法律倒应该规定元首应对这些呆子提供保护,要不然,那就规定某个得到元首宠爱的人,可向元首请求允许他们利用这些人的愚蠢以得到好处。

4.由此看来,彩票这种东西,只有在下列情况之下才宜允许发行,那就是当局必须规定人民对自己的错误所应缴纳的份额,并应注意不让人民被骗得太多和过于经常,因为他们往往会被骗去很多钱并且经常如此。

5.发行彩票这种措施,只宜用来征收小额款项,只宜用来征收对于公私两方面都有好处的经费,如疏浚河流、建设桥梁和修筑公路等方面的经费,而不能用来征收维持陆军和装备舰队所需的经费。因此,关于这个问题,我们在这里不作进一步讨论。

第九章 论献金

用献金(Benevolence)来筹集资金,似乎既不是强加于人,也不至向人强索税款多过他认为他所能缴纳的数额。但是,事实上并非完全如此。因为,在献金这种制度之下君主和显贵人物所加的威胁,往往具有一种压力,这种压力并不轻于这样一种压力,即因不交某种课赋或附加捐而有被扣押的危险。同时,还常常有这样一种危险,即讨厌的阿谀者和告密人诬称献纳人不赞同政府所持的征收这种献金的理由,因而引起政府对献纳人的不满。这种危险比他因与所有其他的人一起按照适当比例缴纳一定税额而蒙受的损失(前面说过,这种纳税不会使他贫穷),更为经常。

这种制度有利之处是:当政府开支只和某些人有关而和其他的人无关的时候,可以不至为了一部分人的利益而向全体征收租税(例如,前次在1638年与1639年同苏格兰人发生争吵,和这事件最有关系的,只是教会的高级僧侣)。有时有这种情况:一部分人比别人得到更多更厚的恩惠,像1660年陛下复辟时,需要特赦令[①]加以特赦的人们所得到的恩惠就是这样。有时某些人明显地比别人有更好地得到收益和利益的机会,如自上述的陛下复辟以来,牧师得到极大的好处,就是例子。在所有这些情况之下,都无

---

① 见查理二世第13年法令第1号第4项(1661年)"对陛下作自由和自愿捐献的条例"。——赫尔

第九章 论献金

妨提出征收献金的建议。不过，在任何情况下，它都有不便之处。它不便之处主要是：

（1）如果某个人所捐献的金额，少于心怀嫉妒的旁观者认为他所理应捐献的数额的话，那就会像上面所说的那样受到君主和显贵人物的威胁并引起他们对他不满。

（2）献金这种捐税，在许多情况之下，会将全体国民分成许多类别；或最低限度它会使各类人民的财力为不需要知道这种财力的一些人了解得十分清楚。同时，它也会使人们（和上述情况相反并且是有意的）把这种财力的真实情况掩蔽起来，并逃避统治者利用这种调查财力的方法而打算采取的措施。

（3）有些人可能出于特殊原因而捐献巨款。就是说，他们作这种捐献是由于想迎合喜欢这种事情的显贵人物的心意，并希望从显贵人物所给的恩惠中得到补偿。他们这样做是会有害于别人的。

（4）一些日趋没落的拥有资产的人（尽管他们日趋没落，但他们却喜欢生活过得优裕，显得十分阔绰，由于他们对别人表示慷慨大方，得到别人的报答，所以他们从结交许多朋友中得到这些人的保护，甚至得到法官袒护），往往通过缴纳这种献金，来给靠辛苦劳动才有些积蓄的人树立很不适当的榜样。这些日趋没落的拥有资产的人是不怕缴纳这种献金的，因为这能提高他们的信用，能使他们借到更多的钱；然而，到了最后，这些破产者所负担的全部献金，都要转嫁到维持公共福利的勤俭的爱国者头上。

第十章 论刑罚

普通施行的刑罚,除死刑、切断肢体、监禁、当众侮辱、一时体罚、严刑拷打之外,还有罚款。我们拟就这最后一种的处罚作详细讨论,至于其他的刑罚,则只止于研究它们能不能换处罚款。

2.有些罪行,依据神的戒律,应该处死刑。对这种罪行,必定要惩处以死刑,除非我们认为这些戒律只不过是犹太共和国的民法,虽然它是由神规定的。许多近代国家,的确有这种看法,所以他们不像犹太人那样对通奸之类的罪行处以死刑;然而他们却对小小的偷窃行为处以死刑,而不是处以若干倍的赔偿费,这是有点奇怪的。

3.依据以上的假定,我想提出以下几个问题:用极端的死刑来惩罚犯了大罪而无可救药的罪犯是否合理?

4.用严刑拷打、当众执行的死刑来恐吓人们,使其不敢干犯叛逆之罪(这种叛逆罪会使成千上万无辜而有用的人死亡和陷于惨境),是否合理?

5.用秘密执行的死刑来惩罚那些隐蔽不为人所知的罪行(如死刑公开执行,这些罪行就会为人所周知),是否合理?或是用这种死刑来及时扼杀宗教上的某些危险新说(使罪大恶极的人忍受所能忍耐的苦难,会使这种新说广为流传并受到鼓励),是否合理?

6.割耳、割鼻等刑罚,目的在于给罪犯以永久的侮辱,而枷号示众,目的则在于加以暂时的侮辱。这些处罚以及其他类似的处

第十章 论刑罚

罚（顺便说一下）曾使一些可以挽救的罪犯自暴自弃，而变成不可救药的人。

7.切断身体的一部分——例如手指——可以使一贯滥用其善于使用手指的特长的人，如扒手、伪造印信及文书等的人，不能再犯这种罪行。切断身体其他部分，可以用来惩罚和防止通奸、强奸、近亲通奸等行为。比较轻的体刑，可以用来处罚无力缴纳罚款的人。

8.监禁的目的与其说在处罚有罪的人，勿宁说在处罚嫌疑犯。就是说，司法官吏把他们监禁起来，就可以有机会根据他们的态度来研究，他们是犯了偷窃等轻罪呢，还是可能犯像叛国罪或谋反罪那样的大罪。但是如果监禁是依据判决执行的，而不是判决以前的暂时拘禁的话，我认为只应该把下述一些人隔离起来，使其无法与人交谈：这些人就是说话能迷惑人，行动能影响人，但将来有希望悔悟改正，或对某些现在还没有出现的工作有所用的人。

9.至于依据宣判而执行的无期徒刑，它和靠自然来执行的死刑，似乎是完全一样的。监禁生活、愁苦、孤独、对过去较好境况的回忆，无异是一类疾病，它们会使人早死，加速执行期的来临。受到这种判决的人，绝不会活得长久，他们只不过是拖延死期而已。

10.我们认为，土地为财富之母，而劳动则为财富之父和能动的要素；所以我们应该记住，国家杀其成员，切断成员肢体，将其投入监狱，就无异于处罚国家自己。由此看来，应该尽可能避免这类处罚，把它们改为能增加劳动和公共财富的罚款。

11.由上述理由看来，如果有钱的人犯了杀人罪，则与其将两手处焚刑，为什么不罚他缴出他所有财产的一部分呢？

12.对于无力缴交罚款的窃贼,与其将其处死刑,为什么不罚他们做奴隶呢?他们如成为奴隶,就可以强制他们从事他们体力所能负担的最繁重的劳动,和过他所能忍受的最低的生活。这样做,对社会说,就增加了两个人手,而不是失去一个人手。如果英格兰人口不足(假定不足一半),我认为除了要设法使人口增加一倍以外,就是要使现有的人口加倍地工作;换句话说,就是要使某些人成为奴隶。关于这一点,容在别处讨论。

13.此外,假如盗贼和骗子有能力缴纳罚款,则与其将其处死刑、枷号示众或鞭笞,为什么不课以若干倍的损害赔偿费呢?但是人们要问:(譬如)对扒手应该罚以多少倍的赔偿费呢?我认为,为了得到这个问题的答案,不妨对从事这种职业的坦率的能手作一调查,看看他们在扒窃中前后一共被捕多少次。如果扒窃十次,只被捕一次,则罚他七倍,对他还是有利的。即使罚他赔偿十倍,他虽然没有所得,但也没有损失。因此,罚他二十倍(也就是使其所负担的危险加重一倍),也不过是罚他加倍赔偿。这二十倍,可以说是恰当的比率,可作为标准。

14.摩西律法中说要赔偿两倍、三倍、四倍甚至七倍,其意义不用说就在于此。因为如果不这样的话,人们也许会把偷窃看成非常正当而合法的职业了。

15.其次的问题,就是在这许多倍的赔偿费中,应交多少给被害人。对这个问题,我这样答复:绝不可超过十分之一,最多只宜高到这种程度,以使被害人今后更加小心谨慎,自行预防;十分之三奖给发现人,剩下的部分,充作公共开支之用。

16.第三,对于通奸罪的处罚,大部分不用罚款,也不宜换处其他刑罚,但可使其受辱,而且只是在极少数人面前使其受辱。这种侮辱方法,即使施诸声名还很好的人,也会使他永久变得冷酷无情。我们知道,当人们处身悬崖绝壁以致头昏眼花的时候,他们是不会考虑声名的。人们所以会犯这种错误,往往是由于发疯、苦闷、精神错乱或丧失理性,也可能是由于情感冲动,但绝不是由于不是深思熟虑的结果。

17.此外,根据"谁犯罪,谁受惩罚"的原则,如果非法同居的罪行的实际目的,是要防止生育的话,那么,就可让犯这种堕胎罪行的人,用自己双手为国家加倍劳动,以赔偿另一双手的损失,或是让他缴纳和这有相同效果的罚款。现在许多英明的国家,常用这种方法来处罚防不胜防的犯罪行为。不过,福音书对在人世上应该如何处这种罪行并没有特别启示,它只不过宣布这些人在来世不会受欢迎而已。

18.我还可以举更详细的例证。但是,如果我以上所说的话是合理的,那就已十分够了。如果不合理,即使举更多的例证,也没有用处。因此,我只想再举一个最适合于我们目前情况的例子,那就是,处罚宗教上异端坦白者的方法。

19.假如法官相信他如容忍伪信者,就是触犯神的话,那他的确可以处罚伪信者。由于相同的原因,人们如果要得到信仰自由和公认的信教自由,那他们就要付出代价。另一方面,法官亦可承认伪教邪说。这种事实至少由所有国家的惯例看来,是很明显的。因为一切国家,对外国使节——即使他们奉派前来,目的只在谈判暂时的琐碎事务——都赋予自由,尽管他们所信的宗教是极其令人厌恶的。

20.因此,由于法官可以明许或是默许他所认为宜于信奉的宗教,同时也可以惩处他认为不宜信奉的宗教;由于国家如将臣民处死、切断肢体或投入牢狱,则它不单处罚了自己,而且也会使各种邪说广为传播;所以,在这一方面,罚款乃是阻止人们在信仰方面妄背正道的最适当方法。这种方法完全不会有过于苛刻之嫌,相反的,只要信仰自由和国家的安宁协调一致,它反会鼓起人们对信仰自由的希望。因为无论哪一种异端分子,都不要希望不遵守公共安宁秩序,会得到宽容。如果他们真的愿意遵守公共秩序,那么,他们就不会对于要他们严格遵守这种义务的法官表示不满,也不会由他们自己所引起的事故而负担许多费用而抱怨。

21.其次,既然有理由容许某些有良心的异教徒有信教自由,同样,对伪信者,特别是对滥用神圣宗教以掩盖其世俗企图的伪信者,也有理由加以严厉处理。可是,除了按适当比例处以罚款以外,还有什么更容易更有效的方法来区别这两种人呢?对一心一意信奉神,埋头于自己的职业,终日劳动十小时的人说来,难道不肯为这种自由而多劳动一小时吗?这正和信心坚定的人要比信心动摇的人每日多祈祷一小时的情况相同。换一句话说,穿每码价值二十一先令的毛织品的人,为了得到信仰自由的利益,难道不肯穿每码价值二十先令的毛织品吗?不肯这样做的人,不论他们如何自吹要为神而牺牲,但都不是真正信神,或是肯为神受苦的人。

22.关于这一点,也许会有这种反对论调:即使对某些不良的宗教可以加以容忍,但是不宜对一切宗教都加以容忍,即不宜对和公共安宁不相协调的宗教也加以容忍。对这种论调,我作如次

第十章 论刑罚

答复。

第一,任何和国教分离的教派,无论它多么小,都不会和所希望的统一与安宁完全一致。即使这些教派是十分有良知的,但对社会说来,却可能危害最大。例如文讷①和其同谋者之采取行动,确系出自心灵上的动机,这可由他们从容赴义的事实得到说明;但是,他们坚决认为国王是王位和耶稣基督的权能的篡夺者,这却是社会的罪恶,不能加以宽恕,也不该和别的信仰同样对待。

23.然而,在另一方面,不管邪说的力量有多大,事实上都无须动用死刑、监禁或切断肢体这些刑罚,就能加以抑制使它不至危害国家。简单地说,最危险的邪说无过于不相信灵魂不灭的邪说了;这种邪说,使人变成禽兽,丧尽良心;只要人们能够避开人类的法律所规定的刑罚,它就会使人无恶不作,无所畏惧,同时也会使人对一切人所注意不到的邪念和企图,完全失去戒心。不过我认为,即使是对这种异端分子,用以下的办法来加以处罚也就很够了,即:把他们当作禽兽来看待,使其一无所有,因为他们对于他们所用的取得财富的方法是没有任何良心的;不让他们作证人或提供证词,因为他们根本不会说实话;不让他们有任何荣誉和官职,因为他们只考虑自己,不想保护别人;除此之外,也可使他们作最大限度的体力劳动。国家从这种劳动中所得的好处,就是我们所说

---

① 文讷(Thomas Venner)为伦敦的一个酒桶匠。他领导1661年1月6日"第五王朝派"的起义。参阅《关于对1661年伦敦叛乱发动者的控诉和审问的报告》,原载《索默尔文集》(*Somers*, *Tracts*),1812年版,第7卷,第469—472页;豪威尔:《国家审讯集》(T.B.Howell, *A Complete Collection of State Trials*),第4卷,第105—120页和第67—70页注;贝奈特:《现时代的历史》(Gilbert Burnet, *History of His Own Time*),第1卷,第160—161页。——赫尔

的罚款,而且是最丰厚的罚款。

24.至于危害性还不这样大的其他各种邪说,因为它们是得到许可的,可以根据法官所了解的可能发生的危险的大小,以及预防这种危险所需的经费的多少,而分别课以适当的罚款。

25.我们所讨论的是,如何预防和纠正宗教上的各种邪说,可是前面所谈的都是处罚有罪的羔羊的办法。我认为还应该指出的是,在所有这些情况下,也不宜让牧人自己完全自由。因为,在我国不收学费的学校非常多,各大学及其他方面都有大量经费,足可把适宜于保卫国教的一切学识传授给许许多多人,同时又有很多为此目的而设立的图书馆;不仅如此,在教会中占很高地位的人也为数很多,而且他们所拥有的财富、荣誉和权力,都是别的地方所不能比拟的。在这种情形下,假如羔羊由于我们牧师的懒惰、形式主义、无知和生活不检点而迷失方向、患皮肤病或是被狼狐所吞食,而认为挽救所有这一切的方法,应该只是对陷入迷途不知回头的羔羊加以恫吓,或是将患皮肤病的羔羊连毛带皮都剥去,那是不可理解的。相反的,全能的神一定会向牧人本身索取被狼狐吞食的羔羊的鲜血。

26.因此,如果牧师由于遇到某些人脱离教会,而不得不损失脱教者所负担的那部分什一税(脱教者所负担的那一份什一税并没有免除,只是全数由国家取去而已),而脱教者不仅要为分裂教会的罪行缴付一定罚款,而且要负担新的教会和牧师所需的费用,我认为这样负担就会更加公平。

27.不仅如此,明辨是非的人都不认为,我们的牧师所以能够享有他们现在所拥有的崇高地位,仅仅是由于他们会说教,对有关

第十章　论刑罚

宗教上的见解讲得比别人高明，或是能够用教父或圣经的言语表达自己的见解。毫无疑问，我们给予他们以崇高的荣誉，乃是因为他们是神圣的榜样，在克己、禁欲以及苦行方面以身作则，使我们能按照神的教训以他们为模范。因为，如果他们所做的事情只止于在教坛上说教的话，那么，人们就会认为这些说教早已印成文书，所印份数已超过实际需要一万倍以上，而且今后还可能出现更动人的说教，那又何必给他们以那么大的荣誉呢？使罗马教永久继续下去的是修道院的纪律，而可能使它灭亡的则是红衣主教和教长的奢侈生活，这是大家都承认的事情。

28. 因此，在上面就教会问题所作的论述中，我们的要旨就是：如果牧师的养成所不过大，则对教会的安宁就会有很大的好处；如果教士的生活是严肃的，则他们和人民就会融洽相处。此外，当整个教会由于成员脱教而受到损失的时候，则让牧师担负这种损失的一小部分，以使他们对这种损失有所体会，这也是合乎情理的。但是，所有处理这些事情的方法和准则，我想让和它有关的人们来考虑，这里不谈。

29. 关于刑罚和刑法，我只想补充一点意见，就是，如果制定刑罚不是为了防止人们犯法，而是为了使人受到处罚；如果这些法律的执行人，在人们犯罪之前不把它们公之于众，而到了有人犯罪之后再把它拿来恫吓那可怜而不是故意犯罪的违犯者，那就是滥用刑罚。因为这和警察不贴出警岗附近不得小便的布告，就伸手抓人的上衣索取罚款的做法，完全是一样的。

第十一章 论独占和官职

所谓独占（照这一词的含义说），就是独有的贩卖权。凡是握有这种权力的人，在自己的权力之内，都可以按照自己所喜欢的条件或所喜欢的价格，或既按照这种条件同时也按照这种价格，出卖他所控制的商品。

2.独占的一个突出的例子，就是法国国王所征收的盐税（Gabel）。法国国王由于征收这种盐税，他就可将花一文买进的东西以六十文卖出。盐这种东西，不论对任何阶层的人说来，都是普遍需要的，富人需要盐，穷人也需要盐。因此，如果所有的人用盐量都相等，或不管用与不用，所有的人都必须买盐（有些地方就是这种情形），那么，盐税就和前面所说的绝对的人头税具有相同的效果。但是，如果像常有的情况那样，人们所用所食的盐量不相等，或是人们除了食用之外，没有多买盐及多支付盐款的义务，那么，这种盐税只是一种累积的国内消费税，如果盐的质量一律相等，尤其具有这种性质；如果换一种情况，那么，盐税就是一种特殊的捐税，换句话说，就是一种独占。

3.设立独占制度的用处和理由如下：

第一，保护发明权。法律对各种发明赋与一定期间（例如，在英国为十四年）的独占权，以作对发明的奖励。因为有了这独占权，发明人就能够按自己的发明得到世人赞誉的程度，获得不同程度的报酬。

第十一章　论独占和官职

但是,应该注意,新发明通过独占获得报酬,是极少见的。因为,尽管发明人往往自我陶醉于自己的功绩,认为世人会侵犯或妨害他的权利,可是,据我观察,[①]实际上大多数人都未必使用这些新技术,因为这些新技术本身还没有经过彻底的考验,而且它们所经历的时间,还不能证明它们没有潜在的缺点。因此,当新发明最初被提出来的时候,所有的人都要加以反对,而可怜的发明人也就免不了受到所有性急的聪明人所加诸的责难,而得不到好处。所有的人都对这种发明吹毛求疵,没有人会说它已经合用了——除非发明人按照他的意见加以改良。发明人经得住这种磨难的,百无一人。就是渡过这种磨难的人,最后也不得不考虑别人的各种意见,加以改进。所以,就整个发明说,没有一个人能说这是他自己的独创,并且,究竟哪一部分和他们有关系,意见也不一致。不仅如此,等到意见一致,通常已经过了很长的时间,在这期间之内,可怜的发明人不是已经死亡,就是为进行这种发明而负的债务弄得毫无办法,被出资与他合作的人骂为骗子,或斥为败类。于是,这个发明人也就完全失败而销声匿迹了,他的抱负也随着全部化为泡影。

第二,独占在一定时间内可能有实际效用,也就是说,在开始采用一种新制品时,需要十分精密的操作方能把它做好,可是大多数人却不知如何制造它,在这一段短时间内,独占就可能有实际效用。例如,假定有某种得到大多数人好评的药品,别人不能制造得

---

① 配第曾发明过一种复写机,并从上院领到专利执照(日期为 1647 或 1648 年 3 月 7 日),这执照有效期间为十七年。他发表了一种意见书,想以此发明为基础,"组织辛迪加",但显然没有成功。参阅菲滋摩利斯:《配第传》,第 10—13 页。——赫尔

那么完善,只有某一个人才能十分精美地把它制造出来,在这种情况之下,就可以允许这个主任技师在一定时间内(即在别人在他指导之下,积累了充分经验,而能够和他一样完善地制造这种药品之前)拥有这种药品生产的独占权。理由是:第一,在人们既不能用他们的感官来辨别这种药品的好坏,也不能依靠他们的理智来判断这类药品的最后效果的情况下,有了这种独占权,社会上就不至杂乱无章地制造这种药品。第二,别人可能得到精通这种药品制造方法的人的充分教导。第三,精通这种药品制造方法的人,会从传授知识中得到报酬。不过,由于不能通过这种独占筹得大笔税款,所以这一类的独占和我们所讨论的问题关系不大。

国家设置各种官职,对官职付给薪俸,也具有和独占相同的性质;不过前者是与行为和职务有关,后者则是与物品有关。对官职也和对独占一样,有赞成和反对的两种说法。

随着国家的强大和繁盛,各种事务、活动甚至语言,也都越来越繁多;我们知道,繁盛帝国的语言是非常丰富和优雅的,而山区小地方的言语,则和其相反。随着我们国家活动的增加,官职(即专门执行或完成这些活动的权力和能力)也同样增加了。可是,与此相反,随着官职的事务增加,执行这些职务所遇到的困难和发生错误的危险,却相应地减少了。因此,在最初设置官职时,这些官职只是由最有能力、最有创见而头脑最灵活的人(即能够应付一切紧急困难事件,并能根据自己的一系列观察,结合自己职务上的各种偶然事故,总结出法则和原理,并以之教导后裔的人)来担任的,但现在都是由最平凡、最肤浅和最愚蠢的副职人员或助理人员担任了。

最初对官职支付高薪(这些薪给当时还认为很低微),是为了

第十一章　论独占和官职

酬偿行政官员的能力、信誉及勤劳。但是,现在尽管行政官吏的干练水平和信用有了降低,可是支给高薪的措施却仍旧不变,而且这种薪给的数目又增加了好几倍。因此,现在由这种官职(它变得十分简单,很容易作,任何人都能胜任,就是完全没有经验的人也能胜任)所得到的收益,也和其他年俸一样,被拿来按年或按代买卖了。像法院那些地方的优厚收入炫耀夺目,有"法律界的异彩"之称,可是当这种异彩放射得最令人目眩的时候,却正是法学教授和司法人员最清闲的时候。虽然这种官职的累赘无用已为人所注意,但是人们却把它当作购买它的人所享有的一种自由所有权(freehold)而加以容忍不予撤销了。

这类官职在本国为数很多;这类官职无论是由于它们每年提供的收益,或将其出卖若干年,都会对国王提供一笔收入。这里所说的这类官职,它们的薪俸大(因为规定薪俸时,这种官职还很少)数目多(因为它随着事务的增多而增加了),而且极平庸的人员就能够胜任,是很容易出卖的。因为一切工作,经过长期从事之后,都会变成容易,同时也可避免初期所易犯的蒙蔽、失信及管理不善等错误。

所以,这些官职,就是对那些不能和不想避免通过它们来解决纠纷的人所征收的租税。它们的产生起因于人们面临和陷身于决斗的灾难,在这种决斗中,无论哪一方面胜利,它所引起的灾难都是很大的。[①]的确,人们不论是为维护正义,或是为抑制邪恶,并

---

① 配第最近避开了一场决斗。参阅埃佛林:《日记》(Evelyn, Diary)1675 年 3 月 22 日,第 2 卷,第 403 页;沃尔克编:《保德雷安书信》中的奥布莱手稿(Aubrey in Walkers, Bodleian Letters),第 2 卷,第 485 页;菲滋摩利斯:《配第传》,第 151—152 页。——赫尔

不一定都要诉诸法律。明智的邻人们所发挥的作用,并不下于能力并不怎么高明的陪审员;而且人们也可以和现在向自己的律师谈话一样地向仲裁人申诉理由。因此,这些官职是对好争吵的人所征收的一种自愿缴纳的租税,它正和对善良的好喝酒的人征收酒的国内消费税一样。

第十二章 论什一税

什一税(Tythes)一词,和十分之一(Tenths)这个词相同,它本身的含义,不外是当作租税而被征收的或是被扣除的一部分财富。这正如把对进出口商品所课的关税叫作二十分之一税,或有时称为吨税或磅税一样。因此,尚应说明的,就是这里所谓什一税,不单指上述当作租税的一部分财富,同时也指它的用途。后者如牧师的俸禄,前者如从中取得这种俸禄的物质。这种物质就是水陆两地的直接产物,或是人们花在水陆两地上面的劳动、技术及资本所产生的收入。同时什一税也指缴纳方法。就是说,它是用实物缴纳的,而不是(除非由于特殊和自愿的原因)用货币缴纳的。

2.我们说过,用来缴纳什一税的物质是土地的直接产物;如它征收谷物,则这种物质就是已经成熟即可收割的谷物,而不是面包。面包系将谷物打碎、簸扬、磨成面粉,加水调和烘烤而制成的。

3.什一税也可以用家畜缴纳。用来缴纳什一税的家畜,则是从多产的家畜所生长大到离开母畜能够独立生活的幼畜中,经过二次挑选手续挑选出来的。对于只生一只幼畜的家畜,则征收货币作和解费。

4.什一税也可以用刚剪下来的羊毛缴纳。如以打鸟、钓鱼为职业(不是单纯为了消遣),则用鸟或鱼缴纳,其余类推。

5.此外,在大城市里,什一税是一种用货币缴纳的和解费,它是对用交过什一税的原材料从事生产的工匠的劳动和所得到的收益征课的。

6.所以,不论在任何地区,什一税都会随该地的劳动的增加而增加;同时劳动则会随人口的增加而增加。英格兰的人口,每两百年约增加一倍,所以在过去四百年中,它大约增加了四倍。在英格兰人民的开支中,大约四分之一是来自本国全部土地的地租,因此其他的四分之三则来自劳动和资本。

7.这样看来,现在的什一税应该是四百年前的十二倍。这种情况,如按不同时期将国王账簿中牧师俸禄的数字加以比较,就可以看得清楚。不过,这里应该减掉一些东西,因为土地和劳动收入的比例,是随劳动者人数的变化而变化的。因此我们勿宁说现在的什一税大约只是四百年前的六倍;换句话说,现在的什一税所能支付的劳动者的工资,或是所能供养的人口,是四百年前什一税所能支付的工资或是所能供养的人口的六倍。

8.但是,假如当时教区和现在一样多,各教区的牧师比现在多,而且教徒兼为牧师的人也比现在多,并且当时的宗教,因为忏悔、安息日及仪式等比现在多,所以比现在更加麻烦,同时事务也比现在多得多(最近宗教上的重要工作,只是同时对数以千计的听众作简要讲道,而不作很多个别忏悔和信仰问答,也不照顾死人),那么,很明显,现在的牧师要比当时的牧师富有得多。当时做牧师,是一种苦行,现在做牧师(感谢上帝),生活既阔绰又豪华。要不然人们就不会说,当圣杯是用木头做的时候,牧师有如黄金,而当圣杯是用黄金做的时候,牧师就变成木头了;换一句话说,在人们看来,和前面所说的法律在律师无事可做的时候最绚烂一样,宗教在牧师苦行最深的时候最昌盛。

9.但是,不管教会的财产增加多少,我对它并无嫉妒之意。我只希望,教会将采取一种使自己能够稳当而安宁地享受财产的方法。这方法之一,就是教会培养牧师不可超过现在所分到的牧师俸禄所能容纳的程度。换句话说,如果在英格兰与威尔斯,牧师的职位只有一万二千,那么,就不应当由于认为如改变分配方法,教会的财力也许能够维持二万四千名牧师,而培养二万四千名牧师。如果那样,那是不安全的。因为那时没有得到俸禄供养的一万二千人就会想方设法自谋生计。对他们说来,最容易做到的,就是对人们说:那一万二千名牧师毒害或斲丧他们的灵魂,错引他们上天堂之路。这些穷困的人由于受到强烈引诱,往往会采取这种手段,而且做得很有成效。我们已经看到,这一类定额以外的说教者,和在职牧师相比,每周都多做若干次,一日多做若干小时的说教,而且每次都说得更为激烈。因为 Græculus esuriens in Cælum, jusseris, ibit(环境所迫,饥饿的希腊人也会上天)。[1] 这种激烈,这种痛苦,这种狂热和靠特别捐款而维持的生活,使人们认为做这些事情的人比别人来得更正统,比别人得到更多的神的援助。现在大家不妨考虑一下,被认为得到灵感的人们该不该得到帮助,以使

---

[1] 朱文纳尔:《讽刺诗》(Juvenal, *Satiae*),第3卷,第78页。——赫尔

第十二章 论什一税

他们能领取牧师俸禄。但是,这些事情,由最近的经验看来,实在太明显了,没有什么可以怀疑的。

10. 如果人们问,如何才能办到这点呢?换句话说,我们有什么办法能够知道,应如何调整苗圃使其适应果树园的要求呢?关于这一个问题,我认为:如果英格兰包括高级僧侣在内有一万两千名的牧师俸禄的话,那么,每年为葡萄园①大约培养四百人,就可以维持葡萄园的需要而不至过多。因为依据对死亡统计表所作的考察,②在一万两千名成年人——这些人达到充当牧师的年龄,并且具备作牧师所必须具备的有关自己以及别人的理论知识和实际经验——中间,每年死去的人数,约略等于这个数目。

11. 不过,上面所述只是题外之论,因为我的主要目的,在于阐明什一税这种税制的性质。然而,由于这种阐明的目的只是要说服人们,使其规规矩矩地负担所必需负担的捐税,而不必螳臂当车;并且由于这种阐明的目的和我们所有其他行为的目的一样,不外在于维持公共的安宁;因此,我认为只要有助于增进我们圣地的安宁,则插进这一小段说明,也不见得是不适当的。

12. 我们再回头来谈作为一种捐税或赋税的什一税。我认为在英格兰,尽管它在设立的初期可能是或似乎是捐税,但在现在,它却完全不是了。同时,国王在爱尔兰所征收的免役地租,现在是租税,但是在下一个时代也不会是租税,因为在那时,每个人都可在缴付国王的征课之后,按自己地租剩下的余额来决定自己的开

---

① 意指教会。——译者
② 参阅格兰特:《对死亡统计表所作的考察》,索引,第96页。——赫尔

支。这样就不至发生因意外负担而引起的一些问题。因为租税之所以变成沉重的负担,只是因为添加在人们的其他的开支和花费之上的这种租税的征收出于人们意料之外并来得非常突然。这对于不能了解它的人是不能容忍的,甚至会使人拿起武器来反对它;也就是说,会使人为了逃避地上的小灾难而投身于地狱之火,这就引起战争及其严重后果。

13.现在什一税并不是租税,我只是把它看成租税的一种形式或范例来加以论述,认为它几乎可以被指定来支付全国公共经费和教会开支的最公平、最不偏颇的租税。因为,按什一税规定,全国所有的谷物、家畜、鱼类、鸟类、水果、羊毛、蜂蜜、白蜡、油、亚麻、大麻等,作为生产这些物品的土地、技术、劳动及资本的产品,都要以其一部分拿来交税。只是对房屋、棉布、酒类、皮革、羽毛及它们的制成品征收的税额,并无固定比率。这样说来,农村所缴纳的什一税和都市缴交的相较,是有区别的。但是,如果把这种区别重新(de novo)加以规定,我认为也不至立即就会因此而发生大规模的骚动。

14.如果将现在缴交什一税的物品划出一完整部分用实物形式交给国王,是有所不便的。因为,国王的地租收入,也像圣教团的收入(Dividend in Colledges)一样,会随这些物品价格的涨落而增减;如果圣教团收入的变动是起因于某些物品——人们的地租是按这些物品的市场价格用货币缴纳的——的缺少,那是另一问题。然而,所有这些物品就全部说,是会互相平衡的。歉年或丰年是单就作为一般人的主食的谷物来说的。可是,使谷物缺少的同一原因,很可能使其他对国王说来同样有用的东西丰富起来;这和一种东西可以弥补他所缺乏的另一种东西一样。

15.还有一种不方便的情况,是在爱尔兰观察到的。这种情况就是,对牧师俸禄用货币支付,而什一税却用实物交给国家。在这种情况之下,由于实际上不可能按实物来接受什一税,所以就把它包给出价最高的人。于是在这种买卖中,发生了很多欺骗、勾结,甚至串通舞弊的行为。但是,如果这种做法,只是一时权宜之计,并没有打算继续实行,则这些不良现象,或许能够得到纠正。

16.第三种不方便的情况,前面已说过,就是需要别种的税制,来征课用缴纳什一税的物品制成的工业品。然而也许有一种性质和这种税制相同的税制,它不需要靠其他税制来弥补其不足。这种税制,如加实施,则将使从事这种工作的官吏都有事可做,而那些由于长期清闲而将成为懒虫的人(这些人不论在任何一个国家里实际上也就是寄生虫),就不为社会所需要了。

第十三章 论几种零星的筹款方法

假如人民对某种租税感到厌烦,立即就会有设计者提出别的方案。他宣称并使人相信,他能够提出一种税制保证一切公共经费有着落,而不必依靠现行税制。譬方说,假定田赋是令人讨厌的税制,人民对它十分厌恶,这个设计人就说,即使没有这种田赋,也有办法,于是他就提议创设人头税或国内消费税,要不就是设立某些新的官职或独占。这么一来,他就吸引一些人,这些人听信他所说的话;而对他的言词最听得入耳的,就是这样一些人,他们不能从目下所施行的税制中得到利益,而希望在新制度下能得到官职。

2.下面我想列举一些我在欧洲各地看到的零星的筹款办法。

第一,在一些地方,国家也像银行一样充当经营所有或大部分货币的公共出纳员,而从中取得所有存到他们手中的货币所生的利息。

第二,国家有时也做公共的贷款人,如经营贷款银行和公立当铺。同时如果备有地籍登记簿的话,则能更有成效地经营这些业务,并能获得更多的收入。

第三,国家有时也做公共的保险人。或者是根据英格兰关税最初所设想的目的,只对在海上受到敌人侵犯的危险作保险,或者是对所有敌祸、天灾、海险及船只所遇到的灾难作保险。

第四,国家有时也控制特定商品的贩卖权,并占有其全部收益。如布兰登堡公国(Duke of Brandenburghs)对琥珀、①过去爱尔兰对烟草的控制,法国对盐的专卖之类。

第五,国家有时也做公共募捐人,如荷兰政府就经常筹募捐款。但是在荷兰,这种捐款只用来救济隐蔽的贫困,以免这种贫困的事实被人发现而成为国家的耻辱;凡是已公开的、家喻户晓的贫困,很少受到这种救济。

第六,有的地方,未成年人、疯子及白痴完全由国家照顾,国家担任这些人的保护人。

第七,在其他一些国家,国家设立并维持剧场和公共娱乐场

---

① 关于普鲁士琥珀独占的历史,参阅特斯多夫:《从教团时期直至今天普鲁士琥珀的开产与加工》(W.Tesdorpf, *Gewinnurg uud Verarbeituurg des Bernsteins in Preussen von der Ordenzeit biszur Gegenwart*),第6—22页。——赫尔

第十三章 论几种零星的筹款方法　81

所,它对演员发付薪金,并占有这些场所所得到的利润的大部分。

第八,有的地方,国家对房屋保火险,对每所房屋每年收取小额的保险费。

第九,有的地方对用公共经费建筑并保养的桥梁、堤道及轮渡码头的通行征收通行税。

第十,有的地方,死人要对国家作一定的捐献。有的地方,对结婚也实行此种办法。有的地方,对生男育女也实行此种办法。

第十一,有的地方,对外国人,尤其对犹太人,作特殊课税。这种做法对人口过多的国家是适宜的,但在情况相反的地方,则不适宜。

3.就犹太人说,他们是能够负担巨额捐税的。因为他们很少和基督徒共进饮食,他们自己过着节俭甚至吝啬的生活而不以为耻;这就使他们能够比其他任何商人更便宜地出售商品,能够避免国内消费税(它是按照人们的消费负担的)。而且由于他们所买卖的商品多为汇票、珠宝及货币,他们干欺骗勾当受到惩罚的机会比别人少,所以也能逃避其他租税。又由于他们随处安居,不论到什么地方都不做需要负责的事情,所以到处有便宜可得。

4.第十二,直到今日仍然施行着这种税制,即对人们财产——包括不动产与动产,官职、特权以及无形的财产——征收某一完整部分,如五分之一或二十分之一。施行这种税制,会引起许多欺骗、串通舞弊、压迫和争吵事件。例如,有的人为了希望更能得到别人的信任而故意多负担捐税,而其他的人则为了能少纳捐税而进行贿赂。同时,这些捐税的征收,也是不可能靠着留下的足迹(像壁炉的灰糟)来加以核对、检查或探索的。因此,我不耐烦为了反对这种税制而多费唇舌。我宁可马上以滑稽的口吻作结语如下：那是一文不值的，不，不只一文不值，而且是十分讨厌，极不体面的。

第十四章　论货币价值的提高与贬低

国家（我不知道根据什么不成熟的意见）有时提高或贬低本国货币的价值，希望通过这种做法来增加货币的数量并使它比原来值得更多一些，换句话说，想用货币买到更多的商品或劳动。所有这些做法实际上就是国家向它对之已经负有债务的人民课税，或是国家侵吞它所欠人民的债款。这种措施对所有靠养老金、固定租金、年俸、津贴以及捐款维持生活的人，也构成相同的负担。

2.要充分说明这个道理，我们需要跳进充满货币神秘的深海。关于货币的秘密，我已在别的地方讨论其他题目时讨论过；这里我想尽力之所及阐述一下赞成和反对提高及贬低货币价值的理由。首先来讨论货币价值的贬损。

3.依照其原材料价值流通的铜币及锡币，其价值不至贬低。铜币与锡币之所以比银币不方便、低贱，只是因为它们比较笨重和不便于携带。

按照精巧铸工和原材料二者的价值流通的铜币（这种铜币上面的肖像和纹章刻印得非常精巧，使它好像是纪念章），价值也不至贬低。不过，如果这种铸币过多，则又当别论（我这里不确定过

第十四章 论货币价值的提高与贬低

多或过少的标准,以后我要说明将精炼的一磅白银铸成货币时,把它分割成若干块才算最适合,以及一百磅白银可铸若干枚铸币,那时再研究这一问题)。因为,铸工精巧除供观赏之外别无用处,这种铸币如果数量过多,它就会由于变得毫不出奇而贬值了。

4.私人为便利零星买卖中找钱需要而铸造的私铸货币(如果这些人很可靠并能够拿出白银来换回它们的话),其价值亦不会贬低。

5.但是我认为,金币中所掺的铜和银如果过多,金币的价值就要贬低;金的自然性质过于柔软,充作货币会磨损得很快,为增强它的硬度,掺和一些铜或银是必要的,但不能过多。同时,银币中掺和的铜如果过多,银币也会贬值。为了使银能得到足够硬度,在铸造时经得住锤、压等,掺上一些铜是必要的,但也不能过多。

6.所以,像荷兰的先令、斯提佛(Stivers),法国的苏尔兹(Soulz),爱尔兰的庞加尔(Bon-galls)等都是贬值的货币,它们大部分价值小,但形体却很大。为什么要铸造这些货币呢?它的第一个理由或借口,就是这些铸币体积大,便于使用,其中所含的银量不容易磨损。

7.另一个理由(除了我们必须按上述程度掺和金属之外)就是要防止金匠和买卖金银的商人把它熔化,或外国人将它输运出口。这种货币,不论谁把它熔化或者输运出口,都一定要蒙受损失。因为,假定一枚二便士的斯提佛含纯银一便士,如果买卖金银的商人为了提取纯银而把斯提佛熔化,那么,他就会由于这种分解,而损失其中所含的铜和提炼白银所花的费用;而且外国人也不会把它运到别的地方去,因为在别的地方,这种银币原有的地方价值就消失了，而按固有的价值计算，就要受到损失。

7.①可是，反对这种货币的理由是：第一，伪造的危险比较大，因为人们赖以（不必经过化验）判断货币材料质量好坏的色泽、声音和重量过于混乱，使与其有关的一般人民在买卖上不能依靠这些记号和标志来使用它们。

8.第二，如果这种小额货币，即一枚二便士的货币的面值偶尔提高或贬低百分之十二、百分之十五或百分之十六，这时就会由于这种分数而引起一定损失，因为这种分数是一般民众无法加以计算的。又如，假定这种货币只贬值百分之十、百分之十一或百分之十二，这时一枚二便士的货币就会只值一便士半，实际贬低了百分之二十五。就其他各种货币的比率而言，情况亦莫不如此。

9.第三，如果这种货币的不便之处非常严重，以致非将其改铸不可，那就会引起我们前面所说的买卖金银的商人熔化它们时所受到的一切损失。

10.第四，如果二便士银币的含银量，只有一先令银币平常含银量的八分之一，则商人对原来只卖标准货币一先令的同一商品，就会索取这种货币十五便士。

11.所谓提高货币价值，就是和以前相比将一磅重的标准银分割成更多的枚数，如原先一磅标准银分割成二十枚，现在则分割成六十枚以上，原先的货币叫做先令，现在的货币也一样叫做先令。不然便是另一种情况，那就是用更大的名称，来称呼已经铸好的货币。实行这种提高的理由或借口是这样的：提高货币价值会使货

---

① "7"字重复，各版本均如此。——赫尔

币流入国内，使它的材料变得更加丰富。可是这种提高，实际将产生什么后果呢？假定政府宣布一先令货币价值二先令，那么除了所有商品的价格上涨一倍之外，还会有别的情况出现吗？如果政府宣布劳动者的工资等都不得随着货币价值的这种提高而提高，则这种法令，只不过是要在劳动者身上加上一种租税，强使劳动者损失一半工资。这种措施不单是不公平的，而且也是行不通的，除非劳动者能够依靠这一半工资而生活（而这是不可想象的）。在这种情况之下，规定这种工资的法律，就是很坏的法律。法律应该使劳动者只能得到适当的生活资料。因为如果你使劳动者有双倍的工资，那么劳动者实际所做的工作，就只等于他实际所能做和在工资不加倍时所做的一半。这对社会说来，就损失了同等数量的劳动所创造的产品。

12.假定通常值十八便士的法国四分之一埃库铸币（Quart d'Escu）的价值提高到三先令，那么，英国所有的货币，都会变成四分之一埃库铸币，这是无疑的。同时，英国所有货币都会被运走，我们所有的四分之一埃库铸币所含的金量，也只有我国货币含金量的一半，这也是无疑的。因此，提高货币价值，实际上就是改变货币含金量，不过，它所引起的损失和将外国铸币价值提高到其固有价值以上相同。

13.但是，假如为了纠正这种情况，我们将四分之一埃库铸币的价值提高一倍，并禁止我国货币出口和它交换，情况又如何呢？我认为，这种禁止并无效果，而且也无法实行。即使它能够实行，则这种铸币价值的提高，实质上只是使我们把用提高了价值的四分之一埃库铸币购买的商品，以通常价格的一半出售；这将为需要这些商品的人带来因提高货币价值而产生的全部利益。因此,抑低我国商品的售价,将诱使外国人大量购买我国商品,这和提高他们货币的价值的情况相同。但是,不论提高货币价值,或抑低商品价格,都不会使外国人使用我国商品超出他们的需要以上。因为,即使他们在头一年里买去不用而又过多的商品,以后他们就必定会相应地少买。

14.如果上述各点符合真实情况(它们大体上符合真实情况),那么,为什么古时以至现代许多明智的国家都常常实施这种办法,以作吸引货币流入各自领土的手段呢?

我认为,这在某程度上可归因于人民的愚蠢与无知,他们不能及时理解这个问题。我这样说,是因为我发现许多十分聪明的人虽然都知道提高货币价值没有很大意义,但却不能立刻领悟这一点。我们且举英格兰一位没有工作但口袋里有钱的绅士为例来说明。当这位绅士一听到爱尔兰一先令价值提高到十四便士的时候,他就会比以前更加迅速地跑到爱尔兰去购买土地。他为什么会这样呢?这是因为他没有立即理解到原来用相当于六年年租的价格可以买到的同一块土地,现在得用相当于七年年租的价格才能买到;另一方面,爱尔兰的卖主也同样不能立刻领悟到应相应地将土地价格提高的道理,可是由于他的愿望只在于达成交易,所以就以相当于六年半年租的价格出卖;不仅如此,如果这种差额很小的话,人们就是经过很长时间也不能看得很清楚,因而也就无法严密地依照这种差额来调整他们的交易。

15.第二,虽然我认为将外国货币价值提高一倍,和将我国商品售价降低一半之间实质上没有什么不同,但是,如果以用外国现

第十四章 论货币价值的提高与贬低

金支付为默认的条件来出卖我国商品的话,则我国的货币将会增加。因为,这时提高货币价值与降低商品价格之间的差异和以现金交易与以货换货之间的差异相同,以货换货,售价自然要高一些。换句话说,这种差异等于现金交易与延期付款的交易之间的差异;以货换货在性质上成为付现没有固定日期的交易。

16.例如,假定英国毛织品每码卖六先令,法国帆布每埃尔(ell)卖十八便士。问题是,为了使英国货币增加,是将拉国货币价值提高一倍呢,还是将我国毛织品售价降低一半?这两种方法效果是不是完全相同?我认为前一种方法比较好。因为前一种方法(或方案)带有取得外国货币的条件,而不是像以货换货那样拿回帆布。这两种买卖方法的不同,是人们一致承认的。因此,如果我们能够将国产商品价格降低一半,同时只是为了取得邻国货币才这样做的话,那么,通过把邻国货币价值提高一倍,我们也能得到上述因现金交换和以货换货之间所存在的差异而产生的利益。

17.但是,要根本解决这个问题,必须用实际的而不是用想象的方法来计算商品的价格;为了说明这种实际的方法,我提出下述假定。首先,假定某一地区住有一千人;又假定这些人口足够耕种整个这个地区所能生产的谷物;再假定这些谷物就是我们的全部生活必需品,像我们在主祷文中把面包当作我们的全部生活必需品一样。此外,还假定生产一蒲式耳这种谷物所需的劳动,和生产一盎司白银所需的劳动相等。再假定以这块土地的十分之一和人口的十分之一(即一百人)就能为全部人口生产充裕的谷物,而土地地租(其求得方法前面已经讲过)占全部生产物的四分之一(这种比例和实际情况差不多,这由某些地方缴付四分之一收成以代地租的事实可以看出来)。又假定虽然这种耕种只需一百人,但有两百人参加这种工作,同时虽然每人有谷物一蒲式耳就够了,但因味道好之故,一般人都用了两蒲式耳,并把这两蒲式耳谷物磨成面粉。这样,我们就会得出以下几个结论:

第一,土地的优劣,或土地的价值,取决于该土地所生产的产品量和为生产这些产品而投下的简单劳动相比,是多于投下的劳动量还是少于投下的劳动量。

第二,谷物与白银之间的比率,只表示人为的价值(artificial value),而不表示自然的价值。因为,这种比较是把自然有用的东西和本身是不必要的东西相比较。这种情况(顺便说)也就是银的价格不像其他商品价格变动得那么大的原因的一部分。

第三,自然价值的高低,决定于生产自然必需品所需要人手的多少。谷物的价格,在一个人能生产十人所需的谷物的时候,要比一个人只能生产六人所需的谷物的时候,来得低廉。同时,它也因人们由于受气候影响有时要多消费一些,有时要少消费一些的情况,时而上涨,时而下跌。但是,政治上的廉价(Political Cheapness)则取决于任何行业中超过实际需要的多余人手为数不多的那种情况。也就是说,一百个农民所能做的工作,如果由两百个农民来做的话,谷物价格就会上涨一倍。如果把这个部分和多余的开支的部分算在一起(即除上述上涨的原因之外,再加算一倍所需要的费用),那么自然价格就成为四倍;这四倍的价格就是依照自然基础而计算出来的实际的政治价格(Political Price)。

如果将这种政治价格以人工的共同的标准银币来衡量,就可以得到我们所寻求的价格,即实际的市场价格(true Price Current)。

18.但是,几乎所有的商品,都有其代用品,而且,几乎所有的商品,都有能适应各种状况的用途。因此,新颖、奇巧、式样好以及效果好坏不得而知的情况等,都会使商品的价格上涨或下降。因此,除了上述的永久的原因之外,尚需要加进这些偶然的原因。而商人的本领就在于能够明断地预见和估计这些情况。

把这种题外之论结合到实际上,我认为,要使货币增加,就有必要知道应如何抑低和提高商品售价,以及应如何抑低或提高货币价值;这就是上述题外之论的目的。

19.在结束本章全章之际,我要指出,提高或降低货币价值,是一种对人民很坏而且不公平的课税方法。它也是国家趋于衰弱的象征;这样的国家,就是稻莔也要抓住,它为了使赝品变成真品,不惜不体面地在铸币上面刻上国王的头像,并把实际不存在的东西说成存在,从而破坏了公共的信义。

第十五章 论国内消费税

人们应按照从公共安宁中所分享到的好处和利益,即按照他们的财产或财富,缴纳公共经费,这是任何人都承认的。不过,财富有两种,一种是实际的,另一种是潜在的。一个人是不是真正实际上富有,要看他在吃、喝、穿、戴方面或在其他方面实际得到的享受如何而定。有的人尽管有着庞大的财力,但如果他对这些财力不加以利用的话,则他的富有只能说是潜在的或假想的。这种人与其说是自己财富的所有人,勿宁说是为别人而操劳的管家和司库。

2.因此,结论就是,每个人都应该按照他所得到和实际享受的多少而纳税。这样首先应该做的,就是计算一下在本国全部支出总额之中,每个人的开支占多少,其次,计算一下在这总额之中,公共所需的部分占多少。不过,这两方面(特别是前者)的计算,非常困难,这是任何人都能想象得到的。

3.其次,我们必须加以考虑的,对消费课税的完整概念,就是指当每种必需品成熟到能够消费时才对它们课税。换句话说,在谷物未制成面包之前,在羊毛未织成毛织品,或更确切地说,在未制成衣服之前,不对它们课税;这样在课税时就能把羊毛、毛织品及裁缝以至针线的价值都包括在内了。但是,这样做是非常麻烦的,难于进行。所以,我们应该编制一份天然产品及人工制品的目录,详列最容易加以计算的、最接近消费阶段的同时在其本身上或在装贮它的容器上能够加盖官印的商品。然后,我们再计算一下每一件商品,在被实际消费之前,尚需要再花多少劳动或费用,这样,就可计算出应交的税额。例如,假定有两种不同的材料,一种为制窗帘用的花布,价值一百镑,另一种为制上等男衣用的衣料,价值一百镑。我认为对衣料征课的国内消费税应比对花布征课的高一些。因为制窗帘用的花布只需缝合就能使用,而衣料却需要裁缝、线、丝、针、顶针、纽扣和其他许多零碎的东西。这些东西的国内消费税应该加在衣料的国内消费税之上一同征收,除非它们的价值很大(纽扣、花边、丝带的价值就可能很大),值得分别课税,并值得列入上述的目录之中。

第十五章 论国内消费税

4.加在衣料中的物品应该尽可能只限于用在衣料上面的物品,或很少用在其他物品上面的物品(例如某些特殊花边)。就谷物说,为制造面包而花的磨工费、筛工费及酵素费等就应该加在谷物上面加以课税,除非如前所述,这些项目中有些更适宜于分别征税。

5.由此发生了一个问题,就是对出口的本国商品应不应征收国内消费税,或为偿还出口的本国产品而进口的商品应不应免税?我认为前者无此必要。因为这些商品并不是以实物形式在本国消费的。但是,对为偿付这些货物而从国外运进并在本国消费的货物,假如出口货物没有征税的话,就必须课税。因为这样,我们对所消费的货品就只缴一次税,而不至缴二次税。不过如果运回金块,将其铸造货币的话,就没有缴税之必要。因为货币会带来要缴纳这种税的其他商品。但是,如果这种金块被铸成餐具及其他家庭用具,或是炼成金丝、金花边,或是打成金箔,那么,它就要纳税。因为,金块被制成这些东西之后,它就被消费,而完全被用掉了。这种情况于打花边和镀金时可以看得很清楚。我认为我们通常称做关税的那种捐税在时间上前后倒置,原因就在于此;因为关税是在消费以前缴纳的。

6.我们已经几次谈到累积的国内消费税,它意指将许多物品总括在一起作为一种商品加以课税。例如,假定制造特效药或消毒药所用的许多药材,只用来制造这两种药品,在这种情况之下,对这两种药品中的任何一种课消费税,则全部药材也就一定随同那种药品一起被课了消费税。因为这些药材相互之间都保持着一定的比例。就毛织品说,对毛织品课消费税,制造技术、工具和羊毛也就同时被课了消费税,其余类推。

7.但是,有些人曲解这种累积的意义,而主张将所有物品累积于某种在他们看来最接近于所有开支的共同标准的物品课税。他们所提出的方案的主要目的如下:

第一,为了把国内消费税这个名称伪装起来;因为有些人讨厌这个名称,他们既不知道缴税和吃饭一样是不可或缺的,也不认为这种征收国内消费税或摊派的做法符合自然的正义。

第二,为了避免征收的麻烦和免花征收的费用。

第三,为了使商业稳定和确实可靠。关于这些问题,在以后讨论某些赞成和反对国内消费税的理由时再谈,现在先谈一谈人们所拟议的几种累积的国内消费税。

8.有人提议,啤酒是宜课国内消费税的唯一商品。这是依据人们所有的其他开支和所饮啤酒的数量形成一定比例这个假定而提出来的。这种主张当然不能成立,特别是当浓啤酒所交的国内消费税,比淡啤酒多五倍(如目前就是这样)或更多的时候,尤其如此。因为穷苦的木匠、铁匠、毛毡织工等所饮的浓啤酒,要比有地位的绅士所饮的淡啤酒,多上一倍,因此他们必须缴交十倍的国内消费税。不仅如此,累积于这些工匠所饮的啤酒中的物品,只是少量的面包、乳酪、皮衣、牛颈肉、一周吃两回的内脏、腐烂的鱼、不加黄油的不新鲜豌豆等类食品。但是,累积于有地位的绅士所饮的啤酒中却有许许多多自然与人工所能生产的物品。不仅如此,这种征税方法,纵使管理得很完善,也和以前所讨论的绝对人头税——它也只是一种累积的国内消费税——一样,既不公平,也不方便,而且也不那么容易调查。

9.对啤酒所作的提议,也可适用于盐、燃料及面包等物品。所有这些方案,实行起来,都会碰到同样的不便,因为有的人消费这些商品比较多,有的人又消费得比较少;而且许多家庭(按建议租税按户包给别人而不管家庭中成员的人数)往往随着财产或其他产业的消长,有时人口多,有时人口少。

10.在所有累积的国内消费税中间,炉税或烟囱税似乎是最好的租税。这仅仅因为它作为一定收入的基础,是最容易、最明确、最适合的。炉子不像人口那样容易移动,所以它的数目容易调查;而且纵使它已经无用或成为多余,而缴付小额的炉税也比将炉子改制或拆掉来得轻而易举。炉子又是无法藏匿的东西,因为大部分邻居都知道它的所在。此外,在新建房屋时,人们既愿意花四十先令制造烟囱,那么,他自不会因要缴纳二先令的烟囱税而不要烟囱。

11.这里必须注意,炉税必须极其轻微,否则人们就不胜负担。对一个一年收入一千镑的绅士说来,缴纳一百个烟囱的烟囱税(有一百个以上烟囱的大宅第,为数并不多),比劳动者缴交两个烟囱的烟囱税,要来得轻而易举。同时,还要注意,如果只是房东缴纳这种烟囱税的话,那么就不是对所有物品征收的累积的国内消费税,而只是只对一种物品(即对房屋)征收的特殊国内消费税了。

12.赞成征收国内消费税的理由,有以下数点。

第一,每个人按其实际享受缴税,符合自然的正义。因此,这种税几乎对任何人都不加强制,而且它对满足于过最低的生活的人说来,是极其轻微的。

第二,这种税如果不是包给别人而由国家直接征收并且征收得很合理的话，则足以促人勤俭并且是唯一的富国之法。这种情况，从荷兰人、犹太人和所有靠经营商业而获得巨富的人的事例中，可以看得很清楚。

第三，人们不至对同一物品缴纳两倍或两次税。因为不论任何物品，都只能消费一次。可是，假如换一种情况，人们不单要缴纳田赋、烟囱税、称号税以及关税（所有的人都缴纳关税，不过和关税有主要关系的是商人），而且还要缴付献金和什一税——这种情况是屡见不鲜的。假如实行国内消费税这种税制，那么，任何人都只须负担一种租税，正确地说，只需要缴纳一次租税了。

第五，①实行用这种税制，就能够随时对国家的财富、出产、贸易及实力作出精确的计算。所有这些理由既不是赞同免对每个家庭征税，也不是赞同将全部租税的征收包给别人，而是要求由一些专职的官吏来征收这种租税，这样其征收费用将不到现有许多租税的征收费的四分之一。因为给地方官吏增加额外的麻烦和危险，对他们来说就是一种苛税；这种苛税比叫他们花些微代价去雇佣一些有经验的人来代替他们工作还要沉重。所有这些也就是反对国内消费税的共同理由。

13.这里，我原应再谈一谈征收国内消费税的方法，不过，关于这一点，可参考荷兰的做法，故这里略而不谈。我也许还应说一下如何培养可以取得公众信任的人才以担任现金出纳员、商店管理员、征收员等职务。但是，对这个问题，待有更充裕的时间和有更适当的机会时，再行研究，这里也就不谈了。

---

① 任何版本中，都无"第四"。——赫尔

献给英明人士

目　录

原序 ·· 98
第一章　对王国财富的各种估计 ·· 100
第二章　论人口的价值 ·· 104
第三章　论王国的各种支出和收入 ·· 107
第四章　论分摊租税的方法 ··· 108
第五章　论货币,经营全国产业需要多少货币 ······································· 109
第六章　课税不合理的原因 ··· 110
第七章　各种租税的附带利益 ··· 111
第八章　论海军、陆军及卫戍部队的开支 ·· 113
第九章　应该心安理得地缴纳巨额租税的理由 ······································· 114
第十章　如何使用人民,及使用的目的 ·· 115

原　　序

1. 许多人除了不知不觉地和直接地①缴纳关税、国内消费税、烟囱税之外，还因缴纳每月七万镑的税款，②被迫付出其全部资产的十分之一（在伦敦，每镑租金每月要纳税两便士，即每年两先令，或总额的十分之一）。因此无疑要出现下述的情况：如果对荷兰的战争再继续两年，开支还像过去那样多，③同时又不使陛下负债的话，那么，这些人，从 1665 年圣诞节起，就要缴出他们全部资产的三分之一。

2. 但是，如果公共经费是按适当比率征收的话，那么，即使每月税额增加到二十五万镑（上帝是禁止这种征课的），任何人所负担的税额，也不至多到超过其全部财产的十分之一。

3. 这就是说，按照现行税法交税，人们所负担的税额，比其应当负担，或是需要负担的要多四倍。这种不平均情况，乃是人们对

---

① D 版本为"间接地"。——赫尔

② 根据查理二世第 13 年法令第 2 号第 3 条规定，自 1661 年 12 月 25 日起，每月征收七万镑的税款，为期十八个月。——赫尔

③ 这显然是指根据查理二世第 16 年及第 17 年法令第 1 号规定加以征课的税收，每月征课额为六万八千八百十九镑九先令，自 1664 年 12 月 25 日起开始征收，共征收三十六个月。此外，查理二世第 17 年法令第 1 号又规定，自 1665 年圣诞节起每月再征课五万二千八十三镑六先令八便士，为期二十四个月。——赫尔

各种租税感到不满的真正和根本的原因;而当税额很高或过大的时候,人们一定会有这种不满情绪。可是,如果用正确的方法并按恰当的比率来征课的话,这种不平均,就能够像上面所说的那样得到纠正;同时也许还能够对于人口、人口的增加与减少、他们的财富及国外贸易的情况,作出正确的估计。

第一章 对王国财富的各种估计

1.在英格兰和威尔斯,住有男、女成人及儿童约六百万人;他们的衣、食、住及其他一切必需品所需的开支,每人每年为六镑十三先令四便士,或每日约为四便士又二分之一,一年共达四千万镑。

2.英格兰和威尔斯共有土地两千四百万英亩(每英亩价值六镑一先令八便士,相当于十八年的年租);这就是说,这些土地每年提供地租八百万镑,它们能以一亿四千四百镑的价值出卖。

3.在伦敦市的特许行政区(Liberties)内,有房屋二万八千幢,每幢租金每年为十五镑,其价值相当于十二年的年租。也就是说,它们每年提供房租四十二万镑,它们的价值共达五百零四万镑。

特许行政区以外但在死亡表所包括的地区之内,有四分之一以上的①房屋,它们的价值大概不会超过此数,也就是五百零四万镑。

---

① "四分之一以上的"(1/4 more)显然应改为"同样多的"(as many more)。这样订正可以说明本段末尾"它们的价值大概不会超过此数,也就是五百零四万镑"这句话。同时这一数字(五万六千幢),也和配第在《两篇论文》(Two Essays)及《五篇论文》(Five Essays)中对 1666 年伦敦的房屋数目所作的不同估计(即六万五千幢或六万六千幢)相差不远。不仅如此,单从这样一些变更中,我们也可以认为,配第把英格兰房屋价值估计为三千万镑是正确的。经过上述订正之后,他的估计数字应该是这样:

　　特许行政区内的房屋
　　　　28 000 幢,价值　　　　　　　　　　　　　　　5 040 000 镑

第一章 对王国财富的各种估计

4.从各报告书看来,整个英格兰和威尔斯所有的烟囱,差不多等于伦敦特许行政区内所有烟囱的十倍,其中,死亡表地区内的烟囱,占了五分之一。①

5.所有的城市以及市镇中的房屋,按幢数说,大概为伦敦所有房屋的两倍;但是,从价值上说,绝不会超过伦敦的房屋。

6.同时,各城市和市镇以外的房屋,按幢数计算,可能比各城市和市镇(伦敦除外)内的房屋多一些,但是它们的价值绝不会超过各城市和市镇中的房屋。

7.因此,英格兰房屋的价值可以估计为三千万镑。②同时,这些房屋的价值,如果按烟囱来计算的话,那么,伦敦房屋的价值可按每只烟囱十二便士,郊外房屋可按每只烟囱十便士,其他城镇房屋可按每只烟囱六便士,上述地区以外的房屋可按每只烟囱四便士,加以估计。

8.英格兰等地所有的船舶约为五十万吨,如将这些船舶所有

特许行政区以外,死亡表所包括的地区内的房屋 28 000 幢,价值	5 040 000 镑
各城市及市镇内的房屋 112 000 幢,价值	10 080 000 镑
城市及市镇以外的房屋 112 000 幢以上,价值	10 080 000 镑
总计	30 240 000 镑

——赫尔

① S 版本为"十五分之一"。——赫尔
② 1719 年版本为"三亿一千万镑"。——赫尔

的武器及装备①包括在内加以计算,每吨估计值六镑的话,则这些船舶共值三百万镑。

9.上述两千四百万英亩土地所饲养的家畜及其所属的荒地的价值,值上述土地价值的四分之一,就是说,包括马、牛、羊、豚、鹿、渔池、猎场及养兔场在内,这些家畜及荒地的价值共值三千六百万镑。

10.王国的金、银铸币,约值六百万镑。

11.货物、商品、银器及家具,估计值三千一百万镑,再加上船舶及货币,一共值四千万镑,也就是说,全部共计值两亿五千万镑。

12.有人认为在上面估计中间,最不可靠的,就是把动产评价为三千万镑以上,但是,依据下列理由我却认为这种估计大体是正确的。

(1)所有店铺、仓库、地窖、堆栈及谷仓所藏的物品,连同家具、衣着、装饰品等物在内,其价值理应不会少于贮藏这些东西的房屋的价值。

(2)如把所有家畜的价值三千六百万镑加在这些动产三千一百万镑上面,合计就为六千七百万镑;但是这两项合在一起,也不够应付全国一年零九个月的开支。我们把全国的开支估计为每年四千万镑。我们认为它不会少于此数。

(3)在对所有银器、铅、铁、铜、锡、木材、木板、树木、丝绸、麻布、花布、棉织品、毛织品、皮革、各种谷物、盐、各种酒、油和其他液体、杂货、香料、药品以及珠宝、窗帘、铺盖和其他装饰品等(如——

---

① 在D版本中,"武器及装备"作"通常的装备"。——赫尔

第一章 对王国财富的各种估计

列举则不胜其烦)的价值,逐一加以估计之后,我认为上述的估计是有根据的。

(4)伦敦市区所具有的财富,通常被估计为全国财富的十五分之一。① 我们把全国财富估计为两亿五千万镑,因此,伦敦所占的那一部分就为十六又三分之二百万镑。我认为这一数字可以很容易地根据以下估计求得:如前所述,把房屋价值估计为五又六分之一百万镑,船舶价值估计为一百五十万镑(本国船舶一半属伦敦所有),并把房屋内部物品的价值估计为大约等于房屋价值的两倍。我曾就许多房屋作了考察,我发现这里所作的最后一种估计并无不妥之处。

最后,假定在伦敦特许行政区中的房屋(价值为五百万镑)内部的物品价值一千万镑,那么,把王国所有其余房屋(其幢数如前所述约为伦敦房屋的十倍)内部的物品的价值估计为此数的两倍(也就是两千一百万镑),我认为并不会过多。

13.如果价值一亿四千四百万镑的土地,每年产生收益八百万镑,则其他财产如折算成为土地,一定能够产生收益五又九分之八百万镑以上。但是,因为货币和其他动产比土地每年能产生更多的收益(换句话说,按收益每年百分之六计算,这些财产在十七年中就能增加一倍),所以其收益不止是五又九分之八百万镑,假如收益是七百万镑,则全部年收入就是一千五百万镑。

---

① 因为按照查理二世第13年法令第2号第3条规定,在每月征收的七万镑之中,有四千六百六十六镑十三先令四便士是课诸伦敦的。——赫尔

第二章 论人口的价值

假如每年本国的资产或财富的收入只有一千五百万镑,而支出达四千万镑的话,那么,不足的二千五百万镑,就要靠人民的劳动来提供。这数目只须全部人口的半数(三百万人),每人每年生产八镑六先令八便士,就能达到。除去五十二个星期日以及节日、患病和休养等假期二十六天,每人每日生产七便士,就可以了。

2.如果这三百万人中,六分之一每日只赚二便士,六分之一每日赚四便士,六分之一每日赚八便士,六分之一每日赚十便士,其他六分之一每日赚十二便士,那么平均就为上面所说的每日赚七便士。①

3.既然每年只产生一千五百万镑收入的王国资产值两亿五千万镑,那么,产生两千五百万镑收入的人口就值四亿一千六百万镑又三分之二百万镑。虽然每个人的价值约等于八年的年收入,但是,整个人类的价值则和土地相同。因为,人类在性质上是永久的,这是我们所习知的。

4.如果六百万人口值四亿一千七百万镑,那么,每个人就值六十九镑;而其中三百万劳动者,每人值一百三十八镑,按每日大约十二便士计算,这等于七年的年收入。在这里并没有计算劳动者生活维持费以外的剩余收益。

---

① 为使这个估计完全,并能得出每日赚七便士的平均值,需要加上"其他六分之一每日赚六便士"这几个字。——赫尔

第二章　论人口的价值

5.由此可见,假如由于瘟疫,死亡人数比平常多十万人的话,则王国便会受到将近七百万镑的损失。那么,如果能拨款七百万镑,以预防这种多到一百倍的损失,那不是好得多吗?①

---

① 这似乎是配第"关于减少伦敦时疫的方案"(日期为1667年10月7日)的胚胎。现从菲滋摩利斯《配第传》第121—122页转引这个方案如次:

1.伦敦死亡表地区内的十万零八千幢房屋住有六十九万六千人。

2.在瘟疫流行的年份(二十年发生一次),有六分之一的人口死于瘟疫,有五分之一的人口死于其他各种疾病。

3.防止瘟疫传播的方法,就是将市区半英里以内的可疑患者及瘟疫患者的住屋封闭。

4.在环绕伦敦市中心半径三十五英里的地区内(或离伦敦一日路程的地区之内)所住人口和所有房屋,数目应和伦敦相等。

5.把六个人运到离伦敦一日路程的地方,费用应为二十先令。

6.使一个家庭在乡村居住三个月,需要四先令,因此,叫一个家庭搬到乡村去并在那里居住,平均需要五先令。

7.在我们所害怕的最严重的瘟疫时期里,受到感染的最多也只有两千家。如采用这个方法,则会减为一千家,而所需的经费不过五万镑。

8.下一次伦敦发生瘟疫时,感染致死的人口可能达到十二万人,每人按七十镑计算,则损失共达八百四十万镑。如采取上述措施,损失可减为四百二十万镑。

9.因此,付出五万镑,可以节省四百二十万镑,约为一比八十四。

10.在英格兰平原所发生的瘟疫中,人口死亡从未达六分之一。

11.住得十分拥挤的贫苦人民在瘟疫中死亡的最多。

12.瘟疫在发生后三个月内,最为严重,三个月后逐渐减轻,气候一寒冷,则减轻最快。

13.人们一般都用杀狗、在街头纵火或食用药品等方法,自行治疗。但这些方法,都不见得有效。

14.应在直径七十英里的地区内,选择十所宽大、间数多、互相隔离而有池水和花园的房屋,于七日前预先通知居民,令其搬进居住。

15.应随时准备运送嫌疑患者所需的车辆或马车。

16.对染患瘟疫的家庭供给药品,费用由患者负担。

17.为各户准备祈祷书。

提案——如果每周死亡达一百人,那就是开始发生瘟疫。假如在今后一年之内,死亡统计表中因各种病致死的人不到十二万人的话,尊贵的教长,对每减少一人,可以得到二十先令,如果死亡超过十二万人,则对每多出一人要付出十先令。

对迁移的家庭,每家给以十镑以作来往费用及支付四个月的房租之用。或是暂时给以……资助。尊贵的教长对这一点要作出保证。——赫尔

6.我们说过,最近因瘟疫而引起的死亡率,使王国蒙受了重大损失。但是,有些人却认为这些死亡倒及时地为王国清除了毒气。为了澄清这种说法,我要指出:

7.假如瘟疫能很好地分清,哪些人服从而守秩序,哪些人既不服从又不守秩序,或者说,能很好地分清,哪些是工蜂,哪些是雄蜂的话,那么问题便告了结了。但是,假如它不分青红皂白地毒害人命,则它所引起的损失,就相当于我们从生存的人身上所得到的利益。因为,如前所述,使英格兰具有六亿镑以上的价值的,就是这些人。十分明显,如果只有一个人逃避了瘟疫的灾难的话,那么,全部土地及土地上所有的东西的价值,不过只等于这个人的生活资料而已;而且这个人也很可能成为将会侵犯他的下两次瘟疫的牺牲品。

8.我们所谓国家财富,资产及储备,都是以前或过去劳动的成果,不应该把它们看成和现有的各种能力有别,而应把它们和现有的能力作同样的评价,让它们对公共需要也同样提供捐献,这样,才算合理。因此,在所有应加征收的金额中,土地及资本应负担三份,被视为完全没有财产的人负担五份,全部共分为八份。

9.如果国民开支为四千万镑,而在这全部开支之中,拨四百万镑(也就是十分之一)专供政府需要之用,那么这就和现在已经加课在许多人身上的负担一样,也是一种沉重的负担。何况在这四百万镑之中,只有一百万镑用作日常开支,而临时战费却占了三百万镑,就是说,临时战费一项月达二十五万镑,等于七万镑的三倍半。同时由于征收方法和征收比率不合理,目下许多人因凑集这笔经费而负担的租税,竟超过其所有的财产总额的十分之一。

10.劳动者每日劳动十小时,每周吃饭二十次,即工作日每日吃三次,星期日吃两次。因此,很明显,如果他们能够星期五晚间不吃饭,并将上午十一时至下午一时的两小时吃饭时间,缩短为一小时半的话,那么,劳动就会增加二十分之一,消费就会减少二十分之一,从而上述的十分之一,就能够筹集出来,最低限度,这种做法,比拿起武器来抗交上述租税,要来得安逸。

第三章 论王国的各种支出和收入

1.王国在海军、兵工厂、卫戍部队、陆军、坦吉尔、牙买加、孟买、驻外使馆、养老金及教育方面所花的日常开支,以及国王及其家族的开支(包括国王、王后、公爵等的家庭用度,他们的零用钱、服装、礼服、金币、马师、马房、武器库、营房、狩猎园、守卫住室、金银匠、珠宝等方面的开支)估计大约为一百万镑。其中,估计二十万镑用于海军,六万镑用于兵工厂和制造火药,二十九万镑用于陆军及卫戍部队,四十五万镑用于其他方面。

2.与此相对,收入方面计有王领地收入七万镑,邮政收入两万镑,铸币费及锡的优先购买权收入一万两千镑,鹿园收入四千镑,法院收入六千镑,第一次收成收益金一万八千镑,全部共为十三万镑,再加上关税(税率为百分之二)收入十七万镑,全部共计为三十万镑。其中不包括货物税、酿酒特许费、毛织品检验费、对酒类进口所课的税收、国内消费税、烟囱税、土地税、人头税及其他各种征课。这些收入的筹集和分配如下。

第四章 论分摊租税的方法

1.如果要在上述三十万镑以外再征筹一百万镑的话,那么,其中三十七万五千镑,就要征诸资产,六十二万五千镑,要征诸人民。

在征诸资产的	375 000 镑之中,
征诸土地的	216 000 镑
征诸家畜等物的	54 000 镑
征诸动产的	60 000 镑
征诸房屋的	45 000 镑
共计	375 000 镑

2.要从八百万镑的地租中征筹二十一万六千镑,则需要征收地租的三十七分之一又三十七分之一的二十七分之一,①如果计算征收费的话,我们可以把它说成三十六分之一。

3.要从价值三千六百万镑的家畜上每年征收五万四千镑,则需要每年征收全部畜产价值的六百六十六分之一,如果考虑到征收所花的各种费用,则宜征收六百分之一。

4.对动产征收的六万镑,情况也和上面一样。

5.对价值三千万镑的所有房屋,每年征收四万五千镑,或对伦敦特许行政区内的房屋(它们约值五百万镑,每年租金为四十二万

---

① "地租的三十七分之一又三十七分之一的二十七分之一",系二十一万六千镑对八百万镑的比值,"三十七分之一的二十七分之一",为八百万镑除以二十一万六千镑,得商数三十七,剩下的八千镑余额对二十一万六千镑的比值。——译者

镑)征收七千五百镑,则只需要征收每年租金的五十六分之一。由这个数额来看,如每幢房屋按五个烟囱计算,每只烟囱每年征税不至超过十二便士。在特许行政区以外的地区,每只烟囱征收十便士,就会得到这一数目。在城镇中,每只烟囱征收六便士,其他地区每只烟囱征收四便士,也会达到这个数字。

6.至于向人民征收的六十二万五千镑,它不过需要对每人每年征收二先令一便士而已。这可分为对每人征收人头税六便士和国内消费税十九便士。后一项不到每人平均支出六镑十三先令四便士的八十四分之一,所以,征收消费品价值的八十四分之一,加上上述人头税六便士,每年就能征收六十二万五千镑。

第五章 论货币,经营全国产业需要多少货币

1.人们也许会问,假如每年需要筹集四百万镑,那么原有六百万镑(我们认为我们有这个数额)够不够应付产业周转和流通的需要呢?我认为是够的。因为支出为四千万镑,如果周转期间短,假定为一星期(像比较穷苦的工匠和劳动者手中的货币就是一星期周转一次,他们都是在每星期六收到货币又付出货币),那么,一百万镑的五十二分之四十,就能达到这个目的。但是,如果周转期间为一季(照我国习惯支付租金和征收租税为一季一次),那么,就需要一千万镑。假定各种支付的周转期间一般在一星期至十三星期之间,则一百万镑的五十二分之四十加上一千万镑,以二除之,就

约为五百五十万镑。因此,如果我们有五百五十万镑,也就足够了。

2.假如英国臣民的半数一年之中休息七十八日,在所有其余的日子里,每日平均挣七便士,同时,假如他们多劳动二十分之一,少消费二十分之一,那么,他们就能够使国王维持双倍于现有的兵力,而一般人所受的损失也不会大于目下许多善良的人由于在处理私事时疏忽行事或是犯了错误而受到的损失。这一点,我在上面已作了说明。尽管近二十年来货币数量大见减少,但是所有的货币却足以应付管理完善的国家执行各种任务的需要。

但是,货币不够,则也不难用可作其等价物的物品来代替它。因为,货币不过是国家的脂肪。如其过多,就会使国家不能那么灵活行事;如其过少,也会使国家发生毛病。的确,像脂肪能够使筋肉的运动滑润、弥补营养不足、补平身体上的缺陷、使身体健美一样,货币在国内能促进国家的活动;当国内发生饥馑之时,它能够从国外运进食物;而且因其可分割之故,能够用来计算各项账务,并美化整个国家,固然最能得到它的好处的,乃是那些最有钱的人。

第六章 课税不合理的原因

1.在公共税收这个重大问题上,发生错误的原因有下述各点。第一,过于重视货币。但是货币对于王国的全部财产来说,不过是六与六百六十七之比,也就是说,不及百分之一。第二,将所有的租税,都加课在过去的财产上,而忽略了现有的能力,可是后者多于前者,其比例是四百十七对二百五十。第三,在计算伦敦市区的全部动产(包括船舶在内)的时候,将房屋的价值至多只估计为其应有价值的一半。所以发生这种情形,是由于伦敦的房屋都归教会、商业公司和士绅所有,但其租税则由市民(他们是这些房屋的租户)缴纳。第四,一方面给贫民以虚假的仁慈(他们现在对各种经费,每人每年负担不到一先令),可是另一方面又残酷地不给他们以工作机会,让他们游手好闲,不事生产;由于我们不愿意雇用他们,他们有的人沉溺于坏的习惯,有的人则贫困不堪,过着极不安定的生活。第五,有人认为要使各种规章十分确切是不可能的,认为这不过是一种空想。因此,便制定不很确切的规章,并凭情面和意气加以应用。这样一来,全部纳税人中有四分之一无故要缴纳四倍于他们所应缴纳的税额,这会使他们十分愤慨,以致为非作歹,其为害之烈,绝非其他四分之三没有受到影响但不知感恩的人所能补救的。

第七章 各种租税的附带利益

1.我们除了要使各种租税公平合理之外,还要通过公平合理地征收关税、人头税、国内消费税、烟囱税、土地税以及动产税,来得到以下的好处。

(1)我们如把关税从二十分之一减为五十分之一,就可以明确地计算国外贸易及其差额。因为通过征收关税和增加罚款,这些计算就可以不那么含混不清了。

（2）绝对而普遍的人头税,使我们能够算出王国的庞大财富和实力——即人口。

（3）根据烟囱来对房屋课税,可以使我们明了这些房屋的改善和倾圮情况。

（4）国内消费税可以使我们明了家庭开支和浪费情况。

（5）各种土地税应按土地的全部价值征课,不应按每年的租金征课。这样,房产所负担的税额,就不会多于地产所负担的税额,也不会过分少于商品所负担的税额。同时也会使抵押的土地缴纳它们所应负担的税额;因为许多债权人并不像一般人所想象的那样苛索利息。

（6）对动产征课的捐税（假如它像在别的国家那样依据宣誓征课的话）,能够使最不容易弄清的这一部分财产变得十分清楚。

2.根据称号和职位征收的人头税——尽管这里略而不谈——也值得考虑。这种人头税可以使人不会过急地追求和其身份不相适应的高位,从而可以鼓励有真本领的人努力上进。

3.以上我们将历来不变的原有收入,一直估计为每年只有十三万镑;同时假定通过关税（不包括保护税［Wards］、酒类进口税、毛织品检验费及其他已经废除的捐税）征收到的税款,不超过十七万镑（即不足现在征收额的一半）。此外我们还规定了每年通过征收人头税、国内消费税、土地税、动产税以及烟囱税来筹集一百多万镑所宜采取的各种比率。

第八章　论海军、陆军及卫戍部队的开支

接下来,我们应该说明,如果每年征收三百万镑或每月征收二十五万镑(以凑成每年总收入三百三十万镑),那么,我们能够用这笔收入为国王和臣民的治安、安全及荣誉做些什么事情。

对这个问题,我认为,考虑到海军的现状,有两百万镑就可以支付五万人在军舰中八个月的费用和三万人在军舰中其余四个月的费用。我认为海军有这么多经费——连武器及军港的开支计算在内——其力量差不多就可以双倍于我们在欧洲所曾见过的最优良的舰队。同时,维持一万两千名步兵,三千名骑兵,加上拨给国内卫戍部队的十万镑和拨给坦吉尔等地卫戍部队的六万镑,总共也不会超过六十万镑。因此,尚余七十万镑,供其他各项开支之用。在这些开支中,皇室开支从我所看到的所有账目看来,每年不到五十万镑。同时,征收这些经费所需的费用也不会超过三十三分之一(就是说,这三十三分之一是付给五百个官吏的,这些官吏从事征收工作,从来无须离开其住所中心五英里)。他们每人和其下属所需的报酬每年不会超过两百镑。因为英格兰和威尔斯只有四百五十个面积十平方英里的小地区(Areots)。

第九章 应该心安理得地缴纳巨额租税的理由

我们已经说明,国王臣民的四分之一如果和现在一样艰苦努力地从事工作,就能够完成伟大而光荣的事业。当这次荷兰战争要求臣民每月负担二十五万镑最高税额的时候,我想再列举下述各种理由,以安定人心。

1.在海军的全部开支之中,用于购买外国商品的支出不及二十分之一;如果人民各尽自己的本分,而地方长官又给他们指出节约办法的话,则这项支出可以不到四十分之一。

2.贸易陷于停顿,固然问题重大,但它只不过是一与八之比,因为在我们的每年四千万镑开支之中,用于购买外国商品的也只不过五百万镑。

3.国王的各项开支每年约为四十万镑,只占全国开支的百分之一;这是所有人民都感到欣喜并引以为荣的。

4.全国所有的货币只有五百五十万镑,而全部居民的收入则达两千五百万镑。人们如稍稍多劳动一些,将这些劳动投在能从外国带回货币的制造业上,则每年增加一百万镑货币并不困难。

5.英国的财富主要在土地和人口上面,这些财富占全部财富的六分之五。可是,荷兰的财富大部分在货币、房屋、船只及商品上面。现在假定英国在土地和人口方面三倍于荷兰(这是事实),而荷兰在其他方面两倍于我国(这是值得怀疑的),整个加以权衡,我国仍然差不多比荷兰富两倍。我希望了解荷兰的人研究一下这一点,并把它计算一下。

6.在英国,每个居民都有四英亩以上的耕地、草地及牧场。并且这些土地非常丰饶,一个人从事耕种,就能获得十人以上的最低生活资料。因此,如果英国还有贫困现象,或是有人因贫困而被处绞刑,或困饥饿而死,那是由于缺乏教育而造成的。

第十章 如何使用人民,及使用的目的

我们说过,以人口的一半作极轻微的劳动就会使王国变得甚为富有,同时将大部分资金用于公共开支,就会提高王国的荣誉。但是,困难的问题,就是这些人应该从事什么工作。

对于这个问题,我大体上作这样的答复,就是说,应该用很少数的人手从事本国全体人民所需要的食物和必需品的生产。要做到这一点,就得加强劳动,或是采用节省劳动和便利劳动的方法;[①]采用这种方法,可以得到人们希望(人们对这种希望是很自

---

① 这大概是指配第所计划写的几本有用的书的概要,和他所著的《通俗技术及机械技术的历史》(History of Arts Illiberal and Mechanique)一书。配第:《给哈特利布的忠告》(Advice to Hartlib)和哈特利布于1647年11月16日和1658年8月10日写给鲍尔(Boyle)的信(见《鲍尔著作集》,1772年,第6卷,第76及112页),对这个计划有所说明。英国博物馆所存斯朗的手抄本(Sloane MS 2903 fol 63 seq)中有配第所写实施这个计划的草案的底稿。——赫尔

信的)从一夫多妻制中获得的结果。[①] 因为假如一个人能做五个人的工作,则他就等于生产了四个成年劳动者。而且这种利益的价值如按年收益的年数计算,也不少于土地或其他我们认为最耐久的物品的价值。如果用这种方法来降低必需品的成本,而不是靠使它们的产量多于在它们尚未腐坏以前的消费量的办法,来降低它们成本,那么,别人就一定要用更多的别种劳动来购买这些必需品。因为,如果一个人能够比任何人都更有利地生产出足够整个社会消费的谷物,那么,他就会自然地独占谷物的生产,并且和其他十个人生产谷物超过实际需要十倍的情况相比,他在交换时就能够为其谷物索取更多的劳动。由于人们不是非从事谷物生产不可,上述的情况使得这个人的劳动大大涨价。

2.靠着这种方法,我们也许能够恢复我国所失去的在棉织业中的地位,[②]这种地位就是让荷兰人用这种方法抢去的。东印度人也是靠着这个方法,能够从世界的那一边以低于我们自己用本国原料制造的亚麻布的售价向我们提供。靠着这种方法,我们也许能够从法国得到大麻,并供给他们以麻布。(也就是说)假如我们生产麻布不多过市场需要,同时又是用最少的人工,并在最便宜的粮价的条件下从事生产的话,就能做到这一点。当我们生产粮食所用的人工比其他地方少,花费格外便宜时,这种情况就会出现。

3.总的说来,我认为,我们应该尽力生产那些能够从海外赚取

---

① 见格兰特:《对死亡统计表的考察》。——赫尔
② 参阅《赋税论》,第2章,第38节脚注。——赫尔

并带回货币的商品。因为货币不论在什么时候,从什么地方流入我国,都能够满足我国的需要。但是,要使货币流入我国,只靠在国内储藏商品是办不到的;储藏商品的价值应该叫做暂时的价值,(换句话说)它不过是在当时当地有价值而已。

4.但是,我们要到什么时候,才能停止这种巨大的努力呢?我认为,应该在我们所掌握的货币不论在算术比例上或几何比例上,确实多于任何邻国(即使为数很少)的时候;也就是说,应该在我们所有的储备足能供数年使用,并且拥有更多的动产的时候。

5.那时我们应该做些什么事情呢?我认为,我们应该推断上帝的行为和意志,这种推断不仅要以肉身的闲适作为根据,而且要以肉体的快乐作为根据,不仅要以精神的安谧作为根据,而且要以心灵的宁静作为根据。这种工作就是人类在现世中的自然目的。它也为人类在来世中的精神快乐作了最好的安排。精神的活动,在其他一切活动中间,是最灵敏,最富于变化的。正是在精神的活动中间,才有快乐的形式和实质。我们享有这种快乐越多,我们就越能够使精神活动无止境地发展下去。[1]

---

[1] 1691年4月一个名叫G.W.的人,为伦敦威廉·米勒(William Miller)印刷一本小册子,题名为《一个乡下绅士写给他住在城市的朋友、讨论配第爵士一本遗著〈献给英明者〉或〈最公平地征收租税的方法〉的一封信》(署名"H.G.")。这个著者,将本书作了扼要叙述,并大体同意配第的结论。但他认为,配第把国家所需要的货币额估计得少,并说地主所负担的租税,超过其所应负担的份额。因此在他看来,配第计划的缺点在于没有建议对没有土地的人征收补偿税。——赫尔

货 币 略 论

货 币 略 论

献给哈里法克斯侯爵

假定带有花边的新铸货币①二十先令根据习惯或法令重四金衡盎司。假定也应当重四金衡盎司②的伊丽莎白和詹姆士的旧币重三金衡盎司;并在三盎司与四盎司之间发生种种不同的变化,即没有一种旧币低于三盎司,也没有一种十足四盎司。

假定运进东印度去的,有很多正规的新铸币,而根本没有分量不等的轻的旧货币。

问　　题

问题一　分量不等的旧货币是否应当回炉重铸,使其划一?

回答　应当重铸,其原因在于由金银铸成的货币是贸易的最好的尺度,因而必须相等,否则它就不成其为尺度,因而也就不是货币,而只是单纯的金属,虽然它在被磨损和过度使用到分量不等以前,本来也是货币。

问题二　由谁出资重铸呢?

---

① 一般说来,英国这种货币最初是在 1662 年铸造的。朗茨:《报告》(Lowndes, Report),第 95—96 页。——赫尔

② 大致的重量。事实上,十二金衡盎司的标准银铸成六十二先令。——赫尔

回答 由政府出资,像现在的情形一样。因为分量不等并不是货币的持有人造成的,而是政府疏于防范和惩罚这种糟蹋货币行为的结果;通过铸成新币,这种毛病就可得到纠正了。

问题三 新先令的重量和成色应当怎样?

回答 同现今其他的新币一样,并且同旧币在新的时候一样,因为按照法令,一切货币都必须相等,并且一切货币也只有在符合当初借款的原样时才有资格偿还旧债。

问题四 假如旧币二十先令只能铸成新币十八先令,应当由谁来担负这两先令的损失呢?

回答 不应该由政府担负,因为这样人们就会剪掉他们的货币的边缘。但是货币持有人本人必须担负这项损失,因为他本来可以拒绝收受分量不足的、有缺陷的货币,或者把它及时地用掉;现在由政府承担铸造费用,他能够以一盎司换一盎司,用分量不等的旧币换回划一的、美丽的新币,也就很不错了。

问题五 这次改革铸币以后,是否会有较前更多的白银输出英国,譬如说运进东印度,结果使英国遭受损害呢?

回答 多少会多一些。但是绝不会因此使英国遭受损害,而只会于它有利,因为,从前商人在拿出西班牙银币时只是由于银币的成色而受到尊敬,现在则除了成色以外,他还会因新币的铸造而受到尊敬。

问题六 现在商人常常把绛红布和白银带到东印度去,他今后不会只带新铸的银币吗?

回答 商人会以一百先令新币的代价尽量买进绛红布,然后仔细考虑,他在东印度用那一批布所能买进的丝绸,是不是比用另一笔同样的一百先令所能买进的更多。并且,根据这种推测来决定他是携带绛红布还是携带先令硬币,或者,如果他没有把握,就会携带一部分绛红布,一部分先令硬币。

问题七　但英国是否会因商人们运出上述的一百先令而穷下去呢?

回答　不会穷下去的,如果他用这一百先令购买能在西班牙卖一百多先令(也许是二百先令)的丝绸运回本国,然后把这二百先令带进英国,或者,如果他把一个英国人愿意花同样二百先令购买的胡椒运回本国。这样商人和英国都会因输出一百先令而获得利益。[①]

问题八　但是,如果新先令的重量只有原先的四分之三,那么商人岂不是根本不会过问新先令,因而也就不致叫人担心英国变穷了吗?

回答　商人还会像以前那样输出新币,不过他按缩减重量的新先令所卖出的胡椒或其他印度货物,只会等于他按旧先令所卖出的数量的四分之三,并且他以新币在印度买进的胡椒,也只会等于他以旧币买进的数量的四分之三;因此,除了在少数只按面值而不看重量和成色来接受货币的傻瓜中间,不会有什么差别。

问题九　如果新铸的先令缩小到它现在重量的四分之三,我们所拥有的货币是否因此会比现在多出三分之一,从而我们的财富也增加三分之一呢?

[①] 参阅托马斯·孟:《英国得自对外贸易的财富》,商务印书馆1959年版,第4章。——译者

回答 你确实会比现在多得三分之一的新命名的先令；但不会多得一盎司的白银，也不会多得货币；尽管同先前相比，你拥有更多的新币，你也买不到比先前更多的外国货；甚至也买不到更多的本国货；不过在开头时也许能从上述的少数傻瓜那里多买到一些。举个例子来说：假定你从首饰匠那里买进重二十盎司的银器一个，每盎司价六先令，共价六镑①或二十四盎司的银币；现在假定上述的六镑在重铸时从二十四盎司的重量减到只有十八盎司，但其面值甚至根据敕令也仍旧是六镑；难道你能设想，那个首饰匠会卖出他的重达二十盎司的精制的银器，来换取十八盎司的未经加工的白银吗？铸造货币的手艺是没有什么价值的。这同存在于其他一切商品中的荒谬现象一样，虽然那些荒谬现象不像在用和货币相同的原料制成的商品中所存在的那样明显。

问题十 当局不能明令规定，人们按缩减重量的新币所卖出的商品，必须同他们按比新币重三分之一的旧币所卖出的商品数量相等吗？

回答 行使这种权力的结果，将等于从一切人的手中拿走他们的在国外就是商品的财产的四分之一，并把它交给那些可以用四分之三的通常数量的白银来换取这种财产的外国人。而同一法令也将从债权人手里拿走在法令公布前本应归他所有的货币的四分之一。

问题十一 你是假定新币的重量减少四分之一，但如果假定只减少十分之一，情况又将怎样呢？

---

① 按照配第的假设，六镑共重二十四金衡盎司。——赫尔

回答 完全一样，因为"无论多些少些，都不会改变其实质"（Magis et minus non mutant speciem）。但是，如果你假定把一先令当作十先令或二十先令，那也许更好一些，这时那种荒谬现象本身就会非常明显，毋需提供那种在常识所不能辨别的小问题上必需提出的证明了。因为，如果国家的财富可以靠一纸命令而增加十倍，那么我们的行政长官以前居然一直没有宣布这样的命令，就未免太离奇了。

问题十二 有些要在外国购买商品的人，不会只把货币带出去，根本不出售或输出我们本国的商品吗？

回答 即使有些英国商人竟然这样地缺乏远见，外国商人也会用他们从本国带进英国的货币，或者用英国人认为比货币更合心意的那些商品来收购他们所需要的英国商品。这是因为英国商品的销路，完全取决于它们对外国人是否有用和外国人是否需要它们。可是，如果一个英国人不把铅运往土耳其，而是在舱底装了货币到那里去，因此放弃运载他可以在那里脱售的铅；并且，从土耳其开来的一艘船也在舱底装了货币，以便向英国购取最初本来可以由英国船运去的铅，他们这样办，是不是做了一件蠢事呢？不，一个商人的生意经就在于考虑这一切问题，使国王的任何关于铸币的重量和名称的命令，在外国人知道它的时候不致对他们有什么影响，并且在将来也不致对他本国的人民有什么影响，尽管就过去而言它在他们中间可能引起一些骚动。我们还可以说，一个负债二十先令的国王，与其掩盖他个人的特殊目的，宣布所有的地主今后只应收取十五先令的地租，而不应收取他们根据租约应得的二十先令，并宣布凡在星期一（关于缩小铸币的公告是在星期二发布的)贷出一百镑的债主,在星期三只能收回两天前原来贷出的货币的四分之三、即七十五镑,那还不如干脆声明他只愿偿还十五先令来得好些。

问题十三　为什么我们已经磨损的、轻重不等的旧币现在不重新铸造并使之相等呢?

回答　要说明这一点,也许有很多不充分的理由;但我所知道的唯一具有说服力的理由是:分量不等的劣等货币可以防止贮藏,而重的、成色好的、美丽的货币却能鼓励少数胆小的人(但不是商界中人)把它贮藏起来。我们的不列颠半便士,[①]由于形状美观,在普遍流通以前几乎都被人们当作纪念章而收藏起来;因为,如果当时这种货币只铸一百个,它们就会由于精致和罕见,每个值五先令以上,虽然按材料来说,还不值面值所表示的半便士。这里面就含有"精工胜过材料"(Materiam superabat Opus)的意思。

问题十四　为什么许多明智的国家曾经提高货币的价格、减少它的分量或者使它变成劣币,并且一再这样做呢?

回答　当任何国家做这些事情时,它像是破产的商人一样,这些商人同债权人谈妥,以十六先令、十二先令或十先令作一镑,或迫使债权人按照比市场高得多的价格接受他们的货物,来清偿他们的债务。这个国家把它一般的货币减少到原来重量和成色的四分之三,就等于是只偿付它应付款项的四分之三。这些办法是银行家和出纳员为了迎合这种国王和国家的亲信的不正当的打算而

[①] 利克(Leake)说,不列颠半便士是在1665年用铜铸成的,"但为了讨好一位邻国的君主,不久就把它们收回了;因此它们并不常见。"《英国货币》,第371页。但鲁丁不相信在1672年年底以前铸过这种货币。《编年》,第2卷,第14—15页。——赫尔

设计出来的。

问题十五 虽然英国曾经遇到很大的困难,它却没有玩弄这种欺骗手段,这是否算是它的光荣呢?

回答 英国在国内和国际上都保持一种贸易的规则和标准,这是它的明智之处,因而也是它的光荣。

问题十六 可是,有没有使货币得以公正地和正当地提高价格的情况呢?

回答 有的,其目的在于调整和平衡各种铸币;因为,如果重量和成色都相同的两种铸币按不同的行情兑换,人们就可以提高一种铸币的价格或贬低另一种铸币的价格。但这种做法必须以尽可能了解清楚的全世界的估价为根据,而不能以任何个人的臆测为根据;在黄金和白银之间的关系上,也可以这样办。①

问题十七 比如,有一块地在六十年前售价为一千镑即一千雅可布斯,②现在这同一块地的售价为一千镑即一千基尼,③而基尼的重量只有雅可布斯的重量的六分之五;根据这个例子,你对土地价格的涨落是怎样的看法?这块地是否比六十年前便宜了?

回答 这看来好像能够说明这块地是便宜了。可是,如果黄金不是货币,而是一种类似货币的商品,并且只有白银才是货币,那么我们就必须弄清楚,当时一千雅可布斯所能购买的白银的数

---

① 配第对于这里所涉及的问题的意见,曾由利物浦(Liverpool)勋爵在《我国的铸币》(*Money of the Realm*,1880年)第137—141页和达纳·霍尔顿(Dana Horton)在《银镑》(*The Silver Pound*)第165—171页中作了不同的解释。——赫尔
② 詹姆斯一世时铸造的英国金币,合二十至二十四先令。——译者
③ 英国旧日为对非洲贸易而铸造的金币(1663—1717年),面值二十先令,但价值时有上落。——译者

量,是否不比现今一千基尼所能购买的多。因为,如果是这样的话,那块土地在从前和现在虽然不是以等量的黄金成交,却是以等量的货币成交的,因此就上面所举的例子来说,那块土地的价格既没有上涨,也没有下跌。

问题十八 缩减货币重量或提高货币的价格,同降低货币的成色,例如把铜和银搀在一起,有什么区别?

回答 如果这种掺杂没有其他用途的话,那么第一种情况就比第二种情况来得好。因为,如果把含银四盎司的二十先令变成含银三盎司,这一改变总比那种为了在表面上保持以前的四盎司而在铸币中加进一盎司铜来得好些。因为,如果你要把上述的三盎司白银同铜掺杂在一起,那么在精炼的时候你就会损失铜和提炼的费用,这两笔损失加起来将超过百分之四。

问题十九 你反对铸造小额银币如一便士、两便士等等的理由是什么?

回答 理由是:小额货币的铸造花费很大,这种铸币本身容易丢失,也比较容易耗损;我们旧的小额货币现在几乎已经看不到了,而我们的四便士银币就含银量来说已经耗损到一个半便士了。

问题二十 对于纯由贱金属铸成的货币如法辛等等,你有什么意见?

回答 材料方面的欠缺应该由铸工的精致来弥补,以尽量接近货币的实价;如果这种货币既不含贵金属又未精工铸造,则由此所得的利益应成为国王收入的一部分。

问题二十一 铸造这种货币,究竟是用铜好呢还是用锡好呢?

回答 用铜比较合适,因为铜可以铸造最近似贵金属的和最为耐用的货币,虽然铜是舶来品而锡是本国的产物。假定铜和锡在英国价值相等;但如果一百重量单位的锡运到土耳其去所能换回的丝绸,同从瑞典换回的上述一百重量单位的铜价值相等,那么在这种情况下,本国货与外国货之间就没有什么差别了。

问题二十二 这个原则可以推广到适用于货币和生金银的自由输出,而这种输出是与我们的法律相抵触的。这样说来,难道是我们的法律不好吗?

回答 也许我们的法律违反了自然的规律,因而也是行不通的。因为我们知道,凡是富有货币和其他一切商品的国家,都没有奉行这种法律。相反地,那些以最严厉的处罚禁止输出货币和生金银的国家,却在货币和商品方面都很感缺乏。

问题二十三 是不是一个货币较少的国家就比较穷困呢?

回答 并不总是这样。因为,最有钱的人很少或者根本不把钱放在身边,而是把它变成或转辗变成很能赚钱的商品;同样地,整个国家也可以这样做,因为所谓国家,不过是联合起来的许多个人罢了。

问题二十四 一个国家,比如说英国,是否会货币太多呢?

回答 会有这种情况,正如某一个商人可能拥有过多的货币(我指的是铸币)一样。

问题二十五 有没有办法知道一个国家有多少货币就算够了?

回答 我想这是很容易推测出来的;也就是说,我认为,现有的货币量只要能够支付英国全部土地的半年地租、一季的房租、全体人民的一星期的开销、全部出口商品的四分之一左右的价值,也就足够周转的了。现在,政府如果叫人把这些项目计算出来,并查明它的铸币的数量(如把旧币回炉铸成新币,那就最容易查得清楚),也就可以知道我们现有的货币究竟是太多还是太少了。

问题二十六　如果我们的货币太少,有什么办法补救呢?

回答　我们必须开设一家银行,这家银行如果经过妥善的估计,是差不多可以把我们铸币的效果增加一倍的。我们在英国具有开设一家银行的物质条件,使它提供充足的资金来推动整个商业世界的贸易。

问题二十七　如果我们的铸币太多,又该怎么办呢?

回答　我们可以销毁最重的铸币,把它变成金银器皿或用具之类的华丽餐具;或者把它作为商品,输出到缺少金银或希望获得金银的国家去;或者在利息高的地方放债生息。

问题二十八　什么是利息或息金呢?

回答　这指的是,你由于在约定的时期内,不论自己怎样迫切需要货币,也不能使用你自己的货币而获得的报酬。

问题二十九　什么是汇水?

回答　这是地方性的利息,即你为了要在最需要使用货币的地方获得你的货币而付出的报酬。

问题三十　银行家进行哪些业务活动?

回答　银行家的业务活动是吸收存款和放出贷款,买进和卖出汇票。他只有在担心受到失掉以社会称誉(即所谓信用)为基础的有利买卖的惩罚时,才是诚实的。

问题三十一　你刚才谈到了用非贵金属铸成的货币和法辛,它们一般说来是低于内在价值的,因此不应当让它们无限地增加。

我们有没有办法知道它们的必要量呢？

回答　我认为是有办法知道的。姑且以每户约需十二便士的法辛来计算；这样，如果英国有一百万户（我想有这样的数目），那么有五万镑上下的法辛就足够兑换了；如果这种法辛只为其内在价值的五分之一，那么全国只要付出一万镑的代价就能获得这种便利。但是，如果这种按户计算的办法不够准确，你还可以用另一个办法作补充：即估算一下目前在全国流通的最小的银币；这种银币的数量越少，法辛的数量也可以越少。法辛的用处只在于补助以白银支付的不足和核算账目。为了要达到核算账目这一目的，让我补充说明，如果你的有缺陷的旧法辛贬低到等于一便士的五分之一，你就可以用十进法来记所有的出入账了，因为就记账的方便和精确性来说，十进法是早就受人欢迎的。

问题三十二　你对于我国的限制利息的法律有什么看法？

回答　我对于这种法律的看法，同我对于限制货币输出的法律的看法一样；也许对于限制汇兑的法律的看法也是如此。因为，利息除了因暂时放弃货币的使用权而获得的报酬以外，总还带有一笔数额不定的保险费。例如在爱尔兰，有一个时期土地（最可靠的东西）的价格按两年的收益计算。那时候收取百分之二十、三十或四十的利息自然是很公道的，但法律却只准收取百分之十。在此以后，土地的价格涨到按十二年的收益计算，这时可靠的人不愿拿出高于百分之八的利息，而没有偿付能力的人则不顾法律的限制而自愿拿出百分之百的利息。再举一个例子，假定一个人拥有值二十年收益的一百镑的土地、值十二年收益的一百镑的房屋、值二年收益的一百镑的船舶、值六个月收益的一百镑的马匹，他所要的每年的保险费,一定是在出租房屋时比在出租土地时来得高,在出租船舶时比在出租房屋时来得高,在出租马匹时比在出租船舶时来得高,这难道不是显而易见的吗?因为,如果他的马匹值一百镑,他就不会以低于每天十先令的租金租出去,而他的土地所提供的按日计算的报酬,却连一个四便士也不到。租金和利息是同一回事。

图书在版编目(CIP)数据

赋税论 献给英明人士 货币略论/(英)威廉·配第著；陈冬野，马清槐译.—北京：商务印书馆，2022
（经济学名著译丛）
ISBN 978-7-100-20535-1

Ⅰ.①赋… Ⅱ.①威…②陈…③马… Ⅲ.①古典资产阶级政治经济学 Ⅳ.①F091.33

中国版本图书馆CIP数据核字(2021)第255033号

权利保留，侵权必究。

经济学名著译丛
赋税论 献给英明人士 货币略论
〔英〕威廉·配第 著
陈冬野 马清槐 译

商 务 印 书 馆 出 版
（北京王府井大街36号 邮政编码100710）
商 务 印 书 馆 发 行
北京艺辉伊航图文有限公司印刷
ISBN 978-7-100-20535-1

2022年8月第1版　开本 850×1168 1/32
2022年8月北京第1次印刷　印张 5
定价：38.00元